U0067563

普天之下・盡是好書

普天出版家族
Popular Press Family

凌雲文創
A-Plus Creative Company

適時改變心情，讓自己心想事成

掌握心情，就能掌握事情

黎亦薰 —編著

Look Forward with Hope

挪威劇作家易卜生曾說：「不因幸運而故步自封，不因厄運而一蹶不振。真正的強者，善於從順境中找到陰影，從逆境中找到光亮，時時校正自己前進的目標。」

人生絕大多數的失敗和煩惱，其實都源自於錯誤的心態和糟糕的心情，才會讓負面的情緒支配自己。

想要改變事態，必須先改變自己的心態；想要扭轉事情的發展方向，必須先改變自己面對事情的心情。

• 出版序 •

適時改變心情，讓自己心想事成

要學會轉換心情看事情，失敗、挫折、煩憂只是一時，唯有選擇用美好的心情面對，才可能讓自己心想事成。

詩人紀伯倫曾說：「你過得是否幸福，並不是以什麼事發生在你身上來做決定，而在於你用什麼態度看待這些事情。」

確實，幸福和痛苦往往就在轉念之間，同樣一件事，可以讓你幸福得如同上天堂，也可以讓你痛苦得好像下地獄，重點就在於用什麼心情看待。

要想生活得快樂，就必須珍惜眼前的幸福，熱愛自己生活中的一切，如此一來，生活才會盈溢著盎然樂趣。

每個人的生命歷程都會有幸福時光，也必定會有痛苦時刻，想想那些在天災地變中流離失所，與親人生離死別的災民，我們的痛苦又算得了什麼？

能夠改變心情放下痛苦的人，才能擁有眞正的幸福。

不管你和別人的生活有多大的不同，也不管別人與你的人生有多大的差異，只要你能放下那些折磨自己的痛苦，樂觀地接受生活中的一切，你就會認爲自己是「最幸福的」。

貝斯特曾夢見自己的未來：「我將有一間花園豪宅，還會娶一位美麗善良的妻子，有三個健壯的兒子，而這三個兒子的成就，都讓我感到相當自豪，至於我自己，則會成爲一名探險家，每天開著一輛紅色的法拉利跑車，上山下海，到處拯救人類……」

不過，現實世界裡卻沒有這麼美好，因爲有天早上他在玩橄欖球時，不小心把膝蓋弄傷了，從此也別想登山、爬樹與航海了。

後來，他開始研究市場銷售，並且成爲一名醫藥推銷商。

事業還算有成的貝斯特，有件事倒是與夢境相似，那就是他娶到了一位非常漂亮善良的女孩，可惜的是，妻子卻一口氣幫他生下了三個女兒！

經商有成的貝斯特，沒有花園豪宅，但有一座四十七樓高的觀景房屋，在這裡不僅可以欣賞美麗的大海，還能看見城市的美麗夜景，看著女孩們可愛的模樣，其實還是很幸福的。

爲了使生活過得舒適，貝斯特賺了很多錢，但是因爲腿傷，讓他無法親自體驗紅色法拉利的速度與快感。有一天，他忽然想起那個「美夢」，忍不住向朋友抱怨：「我眞是太不幸了！」

朋友看著眼前的富豪，不解地問：「爲什麼？」

於是，貝斯特向朋友說出他的夢境，最後充滿遺憾地說：「這一切與夢想中的完全不同啊！」

朋友搖了搖頭說：「已經很好了，你該滿足一點。」

不管朋友怎麼分析、安慰，貝斯特就是堅持眼前的一切與美麗夢境不同，更沒想到的是，他居然因此而憂慮病倒了。有一天，他夢見上帝，立刻質問祂：「上帝，您不是說要滿足我的希望嗎？」

上帝說：「有啊！那個美夢不是實現了嗎？」

貝斯特搖了搖頭：「您沒有全都實現！」

上帝說：「因爲，我後來想了想，如果送你一些夢中沒有見過的事物，你一定會感到驚奇。總之，最基本的事物我都給你了，美麗的太太、好的住所與三個可愛的女兒，這些都是最美好的……」

貝斯特聽了，忍不住打斷了上帝的話：「……但是，您並沒把我眞正想要的賜給我啊！」

「那你是否也能把我想要的東西，回饋給我？」上帝說。

貝斯特從未想過上帝要什麼：「您需要什麼？」

上帝說：「我要你，愉快地接受我的恩賜。」

這一夜貝斯特想了許久，當東方漸白，他決定重新做一個夢，他希望夢見往昔的時光，以及他現在已經得到的一切。很快地，貝斯特出院了，而且從出院的那一刻開始，愉快地享受上帝的恩賜！

詩人作家歌德曾經寫道：「能把生命的快樂和痛苦聯接起來的人，是最幸福的人。」

人必須活在當下，把握生命的每一剎那。不要老是抱怨自己爲何遭逢那麼多挫折，爲何人生路走得那麼坎坷，只要你願意轉換心情，放下這些負面的想法，就會找到屬於自己的幸福快樂。

我們都曾經做過美麗的夢，也總是祈禱著能美夢成眞，但是，當美夢未能完全實現的時候，你會怎麼面對？

名作家羅蘭女士曾經寫道：「處理事情的一個法則，應該是用美好的心情來主導事情的方向。」

人生不可能沒有失意、煩惱，要學會轉換心情看事情，才不至於讓這些事情一直困擾自己。失敗、挫折、煩憂只是一時，唯有選擇用美好的心情面對，才可能讓自己心想事成。

出版序　適時改變心情，讓自己心想事成

PART—1

抱怨越多，生命越短暫

當我們仔細地計較著生命時間時，也發現人生忽然變短了，但是我們卻還在浪費時間作白日夢，浪費時間發牢騷及埋怨。

PART—2

心情樂觀就能渡過難關

二十世紀最偉大的發明家愛迪生曾說：「不管環境變換到何種地步，我的初衷與希望仍不會有絲毫的改變。」

PART—3

用心靈魔法創造生命奇蹟

生活中有各種交流與溝通的方式，我們都有機會遇見，甚至被其中之一激發出生命的潛能。

PART—4

沒有貪念就不會受騙

天下沒有白吃午餐，以為佔盡了對方便宜的人，最後卻經常發現，自己竟然損失更多。

PART—5

不要被過多的期望牽絆

簡單果決地掌握住自己的需要，並確實地將精神集中在一個目標上，然後我們才能慢慢地讓心中每一個夢想都達到高峰。

PART—6

立志當珍珠，不要當沙子

作家A．芭芭耶娃在《人和命運》裡說：「不必誇耀自己擁有什麼才能，關於這一點，別人要比我們看得清楚。」

PART 7

分享是最快樂的事

生活苦悶的你，該不會是被帶走太多快樂而不自知吧？不想生活過得那麼苦悶，快用分享交換快樂吧！

PART—8

再辛苦的難關也一定能走過

時間一定會帶走所有困頓，所以我們一定要努力上進；只要一過了這個難關，下一步我們就會來到夢想的天空。

PART—9

快樂工作是醫治病痛的良藥

不妨先放下手上的工作，仔細想想你要的是什麼，只要你一想通了就別再猶豫。

PART—10

不要用破壞的方式追求滿足

不必禪悟佛說，每個人都懂得什麼是犧牲的真諦，只要我們知道什麼叫做愛，知道該怎麼表現心中的無私大愛。

PART—11

把握稍縱即逝的幸福滋味

幸福就在我們的身邊，微風也經常輕拂著街邊的樹梢，或輕輕撥落枯葉，為街景與你我增添幾許幸福與浪漫。

抱怨越多，生命越短暫

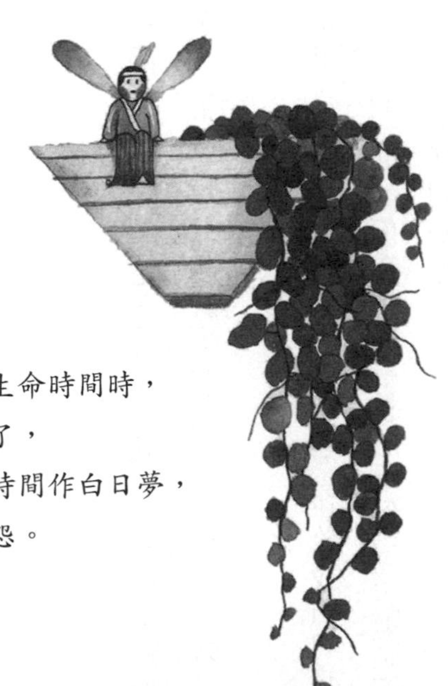

當我們仔細地計較著生命時間時，
也發現人生忽然變短了，
但是我們卻還在浪費時間作白日夢，
浪費時間發牢騷及埋怨。

美麗世界需要用心彩繪

只要相信這個世界上無處不美麗，即使僅僅只是面白牆，也會用「心」彩繪上企盼已久的夢想花園。

許多自私的人都有一個特徵，那便是「目光如豆」。因爲視野狹隘，即使他們站在與別人相同的峰頂，也只看得見腳底下的花草，不像別人看見了無盡寬廣的美麗世界。

生活究竟是痛苦的折磨，還是愉快的享受，其實全在於我們的心情。

每個人的生活都有艱苦的一面，但在那些不甘於受到環境限制的人眼中，不管過著怎樣的生活，都懂得用美好的心情珍惜幸福。

有兩個重病患者同住在一間病房裡，病房中只有一扇窗可以看見外面的世界。其中有位病人必須每天起身，坐在電椅上治療一個小時，而另一個則終年都躺在床上，連坐起來的能力都沒有。

每天下午，那個必須起身進行治療的病人都會坐在窗口，熱心地爲另一個人描訴窗口的景緻。

「窗外有個美麗的公園喔！公園裡還有一個小湖，湖裡每天都飛來許多鴨子和天鵝呢！哇！那些孩子們眞善良，他們正在丟麵包餵食小鴨子。偷偷告訴你喔！樹下有許多年輕的戀人正在散步呢！外面的景緻眞美，有盛開的花朵，還有翠綠的草地，眞是美極了！」

聽見病友如此愉快描述的，雖然終年躺在床上的病人無法親眼目睹，但心情卻也像親眼看見如此美景一般，非常愉快。

然而，有一天，當他再次聆聽病友快樂地描述窗外風景時，心中卻產生不滿情結，不悅地想：「唉！爲什麼只有睡在窗邊的人，可以獨享外面的風景呢？爲什麼我沒有這樣的機會？」

越想越不是滋味的他，心中突發奇想：「如果他離開了，那該多好？這樣我就能名正言順地更換床位，親自享受窗外的風景了！」

沒想到當天晚上，病友忽然劇烈咳嗽，且在咳得快斷氣時痛苦地看著他，希望他能幫忙按鈴求救。但已被「窗外美景」慾念佔據的他，卻自私地當了旁觀者，眼睜睜地看著病友氣絕身亡。

第二天早上，護士們將病友的屍體抬走了，而他也立即要求：「我可以換到那張床嗎？」

於是，他成功地換到了窗口的病床。當醫護人員離開後，他慢慢地用手撐起身體，吃力地往窗外望去，然而他看見的卻是完全不同的景象：「怎麼會這樣？爲什麼只有一道白牆？公園到哪兒去了？」

你看見了他們的美麗公園嗎？

在這個人人高喊個人自由的社會，人們似乎越來越習慣當個旁觀者，不但忽略了人類群居的眞正功能，也遺忘了當初組成社會的初衷。

爲什麼會有人看不見美麗公園，而有人總是看見世界的美麗？

因爲，心地「美麗」的人知道，眞正的美麗世界不在外面的風景，而是在於他們自己的心中。

對他們來說，只要心中保持樂觀與積極，相信這個世界上無處不美麗，那麼他們觸目所及的一切，即使僅僅只是面白牆，也會用「心」彩繪上企盼已久的夢想花園。

人生是快樂或痛苦，端視你看待生活的態度而定，只要懂得換個心情看事情，人生就會少一點痛苦，多一點幸福。

抱怨越多，生命越短暫

當我們仔細地計較著生命時間時，會發現人生忽然變短了，但是我們卻還在浪費時間做白日夢，浪費時間發牢騷及埋怨。

一天之中，你會用多少時間發牢騷呢？

早上一進辦公室，便與同事說老闆昨天太挑剔；下午時間，還會找藉口休息，然後跟另一個同事大罵另一個同事不合作；晚上呢？你是否也繼續用電話線，向親朋好友哭訴自己的生活有多悲慘？

如果，以上情況你全部符合，那麼你恐怕得準備弔念你的一生了！

人生苦短，為何要浪費寶貴的時間發牢騷呢？只要你肯積極一點，人生就會轉變，不久就會看見夢想的藍天。

瑪亞．安格魯小時候和奶奶住在一起，因爲奶奶開了間小店舖，所以家裡每天都有各式各樣的人出現。

特別是那些愛發牢騷的顧客出現時，奶奶一定會把小瑪亞拉到身邊，並神秘地說：「瑪亞，快來！」

那時，瑪亞會很聽話地進去，然後奶奶便會問候客人：「今天好不好啊？托瑪斯老弟？」

只見托瑪斯長嘆一聲說：「唉！還能怎麼樣？不怎麼樣啊！妳看這個夏天實在快熱死人了，生活眞是煩透了，眞受不了這種大熱天，眞要命！」

聽到這裡，奶奶便會低聲地說：「唔！嗯！」

然後，她就會向瑪亞眨眨眼睛，確定小瑪亞都有聽見這些抱怨話。

還有一次，有個人抱怨說：「每天要這樣幹活兒，眞煩！妳看看，那些塵土到處飛，我的騾子老是不聽使喚，唉！這樣的工作我實在做不下去了。還有還有，你們瞧我這雙腿，還有這雙手，每天都又酸又痛，渾身都不對勁啊！唉，我就快受不了了！」

當然，奶奶仍然只是：「唔！嗯！」

不過，當這些牢騷客一出門，奶奶就會對著瑪亞說：「瑪亞，你聽到這些人的抱怨嗎？你聽到了嗎？」

瑪亞點點頭。確定後，奶奶總是這麼教導小瑪亞：「瑪亞啊！每天每個人都會酣然入眠，但是卻有人一覺不起啊！想想那些人，當他們從此躺在靈柩中，再也不能抱怨天氣，或埋怨騾子倔強時，他們一定會後悔，自己爲什麼要花那麼多時間去抱怨啊！記著，牢騷太多會傷害身體，浪費生命。如果，你對任何事不滿意，一定要設法去改變它；如果改變不了，記得，換個態度去面對，千萬別浪費時間抱怨嘮叨喔！知道嗎？」

小瑪亞點了點頭！

聽見老奶奶叮嚀著「別浪費時間抱怨嘮叨」時，你是否像小瑪亞一樣，把奶奶的叮嚀聽進去了呢？

讓人怵目驚心的天災地變，不也提醒我們：「人生很短，因爲你永遠不知道，自己什麼時候會永遠地睡去！」

看似長久的生命，其實很短促，稍不留意就逝去；當我們仔細地計較著生命時間時，也會發現人生忽然變短了，但是我們卻還在浪費時間做白日夢，浪費時間發牢騷及埋怨。

既然，你看見了人生迅速無常，何不聽聽老奶奶的建議：「孩子，別再抱怨生活了，只要你肯積極一點，你就會讓生活更幸福！」

選擇面對，才有成功的機會

相信自己潛能無限，也珍惜你生活中的任何機會，那麼即使失敗了，你也不會有遺憾與煩惱。

生命不可能沒有創傷，人生不可能都是坦途，應該試著用不同的心情看待那些不如意的事情，如此生活才可能出現轉折。

在最困苦的時候，偉大的音樂家貝多芬曾經這麼說：「我要捉住命運的咽喉，它休想教我屈服！」

無論如何，請記住貝多芬的這句話，不管生活多麼困苦，我們都不該聽任命運捉弄，因爲眞正能掌握自己的人，只有我們自己！

耶誕節到了，原本是最快樂的時刻，卻見弗蘭克斯少校滿臉愁容凝視著聖誕樹，不停地嘆息。

原來，他想起了七個月前在柬埔寨時，害他失去雙腿的那場意外。畢業於西點軍校的他，曾經下定決心要終身從軍，但是以現在的情況，似乎唯有提早退伍，才是最正確的選擇。

一想到自己再也不能英姿筆挺地站立，更無法繼續從軍，學習作戰經驗、技術知識等等，躺在病床上的他，只有無盡感嘆。

不過，最讓弗蘭克斯難過的是，他從此再也不能在棒球場上一展雄姿了，因爲只要他一擊中棒球，便有一位隊友立刻代他跑壘。

有一天，弗蘭克斯坐在休息室，看見一位隊友用滑行的姿勢進到三壘，他忽然對自己有了信心：「相信我也可以親自站上壘包！」

弗蘭克斯再次上場打擊，只見他一棒揮出後，便立即叫代跑者讓開，自己賣力地往前衝，當他發現球就快進二壘手中時，即咬緊牙根，閉上了眼睛，拼命似地往壘包的方向衝去，最後一頭滑到壘包上。

當裁判高喊「安全上壘」時，現場立即歡聲雷動，弗蘭克斯更是開心不已。幾年後，弗蘭克斯已經晉升爲四星上將，他說：「當年長官也曾懷疑我的能力，但是正因爲這雙義肢，讓我與士兵之間的關係更加密切，而我也從這義肢中明白，人生是沒有限制的，除非你自己侷限了自己！」

人必須活在當下，把握生命的每一剎那。不要老是抱怨自己爲何遭逢那麼多挫折，爲何人生路走得那麼坎坷，只要你願意放下這些負面的想法，就會找到屬於自己的幸福快樂。

有人說幸福的最大敵人就是痛苦，其實，要是沒有經歷過痛苦，人又如何珍惜得來不易的幸福？

試著放下痛苦，不再讓過往的失敗、挫折侷限自己，而要充分利用短暫的生

命，積極開創下一個階段的人生。

從自怨自艾的情緒中走出來，因爲，它永遠不會幫你找到幸福。

你還待業中嗎？失業的原因，是公司開出的條件限制了你，還是你自己開出的條件侷限了自己？

就像弗蘭克少校所說的：「只要性命還在，生活就有機會，每個人也都有無限發展的可能。」

當你看見條件苛刻的徵才要求時，千萬別心生退縮、裹足不前，如果連爭取的企圖心都沒有，你又怎麼料得到，原來他們的苛刻條件，是用來刪除那些沒有自信的人？

無論遭遇什麼，只要你願意給自己多一點挑戰的勇氣與決心，相信自己潛能無限，也珍惜生活中的任何機會，那麼即使失敗了，你也不會有遺憾與煩惱，因爲你知道：「下一次，我一定會成功！」

每人都要學會釣魚的方法

真正懂得「救助」意義的人，不會一味地將魚兒送給等待救助的人，會告訴他們如何獨自站起來，並教他們如何自助助人。

英國作家斯特弗森曾經在著作中寫道：「希望是永恆的喜悅，它就像人類擁有的土地，年年有收穫，是用不盡的、最牢靠的財產。」

的確，人活著就必須充滿希望，才不會渾渾噩噩得過且過，才不會想出各種藉口爲自己的懶惰開脫。

只要我們心中充滿希望，就會積極設定人生的目標；爲了達成目標，就會做好各種準備，採取積極的行動，不致讓自己的夢想淪爲幻想，不致於淪爲整天等

待別人救助的人。

當人們對於救濟單位的需求量大增的時候，揭露的不是社會福利的健全與否，而是人們的生存能力已經開始下降了。

有天，維吉尼亞．莎泰爾被派到南邊一個城市，幫助這裡許多等待救助的居民。但是，這一次維吉尼亞希望能給予他們更實際的幫助，讓他們知道：「只要願意，任何人都能自給自足。」

初次見面時，維吉尼亞便問他們：「你們有什麼夢想？」

沒想到，每一個人聽到這個問題時，全都露出困惑的神情。

有人說：「夢想？我們沒有夢想。」

維吉尼亞好奇地問：「難道你們從小到大沒有立過志願嗎？」

這時，有個婦女回答：「夢想有什麼用？有了夢想，老鼠還不是照樣會跑進我的屋裡咬孩子。」

維吉尼亞笑著說：「嗯，這的確很傷腦筋，妳很擔心老鼠會偷襲妳的孩子，那麼妳有沒有想辦法解決呢？」

婦人想了想說：「嗯！我很想換個新紗窗，因爲舊的那個已破洞。」

維吉尼亞看了看其他人，又問：「有沒有人會修紗窗呢？」

這時候，有位中年男子大聲地說：「我以前修過，但是近來背痛得很厲害，有點吃力，不過我會盡力試試。」

於是，第二次聚會時，維吉尼亞問那位太太：「紗窗修好了嗎？」

太太滿意地說：「修好了！」

維吉尼亞笑著說：「太好了，那麼妳的夢想可以開始了！」

維吉尼亞又問幫忙的男士：「那你呢？」

他說：「說來奇怪，我現在的精神比以前好很多呢！」

維吉尼亞笑著說：「其實這也不是什麼大事，只要你勇於跨出第一步，目標就會越來越近了！」

接著維吉尼亞問了其他人的夢想，其中有一位婦女說，她一直想做個秘書。

維吉尼亞問：「爲何不放手去做呢？」

婦人說：「我有六個小孩，如果我上班了，就沒有人能照顧他們了。」

維吉尼亞笑著說：「沒關係，我們一起想想辦法！那，有人願意幫忙她帶小孩，讓她可以到學校去上秘書訓練課程嗎？」

這時，有位婦女熱心地表示：「雖然我也有自己的小孩要照顧，不過，我可以幫這個忙。」

就這樣，維吉尼亞一一幫他們解決問題，每個人都有了工作，像是修理紗窗的男子，便找到了技工的職業，而幫人照顧孩子的婦女，最後還拿到了合格褓姆的證書。從此，這個南方小鎮的居民，再也不需要社會救濟，因爲他們都在實踐自己的夢想。

布萊恩．巴斯葛曾說：「依靠同類是最愚蠢的行為，無論我們多麼不幸，多麼無助，沒有人會給我們真正的幫助，最終我們將孤獨死去。」

將這段話簡單地解釋，便是「救急不救窮」，畢竟，沒有人能一輩子支援或救濟我們。

相對的，眞正懂得「救助」意義的人，不會一味地將魚兒送給等待救助的人，而會像維吉尼亞一樣，告訴他們如何設定目標，勇敢地站起來，並教他們如何自助助人。

我們也不要把人們的救助視爲理所當然，那些不僅不長久也不可靠，唯有靠自己，才能保障自己一輩子。

想圓夢，就要採取行動

時間隨時都會過去，我們真正能掌握的，就只有當下這一刻，如果希望看見夢想的明天，我們都應該從現在開始！

法國作家安德烈．馬爾羅在《寂靜的聲音》一書中寫著：「一個人只有在努力使自己昇華時，才能成為真正的人。」

一個人想要實踐自己的人生價值，就必須看重自己，看重自己正在從事的工作，全心全力地投入。

你還在等待什麼？

當地球未曾遲疑地繼續運轉時，還在等待的人眞正等待著的，不是機會，而是一天又過一天。

從小就喜歡挑戰的葛林，在同齡孩子們只知玩樂的時候，就已經開始規劃自己的未來了。他告訴自己：「我要變得更獨立，要走遍這個國家，並實現自己的計劃。」

十五歲時，他每下課都要做三份工作，因為他想要存錢買摩托車，並早日實現走遍全國的夢想。

當新摩托車在他眼前出現，也開始改變葛林的未來。

只要葛林一有時間，他就會騎著車子，在山路上享受騎乘的樂趣，在這期間，他發現許多的新奇事物，包括不同時候與地點所看見的朝日與落日。

非常喜愛騎車的葛林，兩年間換了五部摩托車，也在十七歲那年，獨自一人騎車到阿拉斯加，征服了一千公里的流漠公路。

許多人都嘲諷他：「你根本是浪費時間！」

但是，志向堅定的葛林，卻對自己說：「如果我再不開始，就永遠都沒有機會了，現在不做，要等到什麼時候才能開始呢？」

一路下來，葛林遇見了許多人，也享受著各種不同的生活形態，不管是荒郊野地，或是寂靜的沙漠區。葛林每天都感謝上帝賜予他挑戰自己的機會，但很不幸地，二十三歲的那年，他在拉加那海邊的路上發生了一場意外，從此半身不遂。

在醫院躺了八個月的葛林，出院後離了婚，也無法回到原來的工作崗位，面對無盡的痛苦與無情的輪椅，葛林也看見了即將離他而去的夢想。

就在他失望之際，心中忽然又有了新的計劃，幸運的他，這次卻獲得了許多人的幫助和支持。每當葛林騎著特製的機車，回想起自己所有的經歷，他總是會說：「我是幸福的！」

挪威知名劇作家易卜生曾經這麼說：「不因幸運而故步自封，不因厄運而一蹶不振。真正的強者，善於從順境中找到陰影，從逆境中找到光亮，時時校正自

己前進的目標。」

你最想做的事情是什麼？還有，你開始行動了嗎？

無論如何，想做就立刻做吧！即使是站在烏煙瘴氣的十字路口，你也要懂得享受生命，因爲，我們無法預料到，下一秒鐘的我們是否能和現在一樣，經過相同的地方，做相同的事。

沒有開始，就不會有結果，還沒有跨出夢想腳步的人，就沒有資格「說夢想」，這些都是葛林在故事中要告訴我們的。

時間隨時都會過去，我們眞正能掌握的，就只有當下這一刻，如果希望看見夢想的明天，我們都應該從現在開始！

感謝在背後默默愛你的人

不要忘記，父親和母親一樣，比世界上的任何人都愛你，為了子女的快樂，他同樣有勇氣拋棄一切，包括自己的生命。

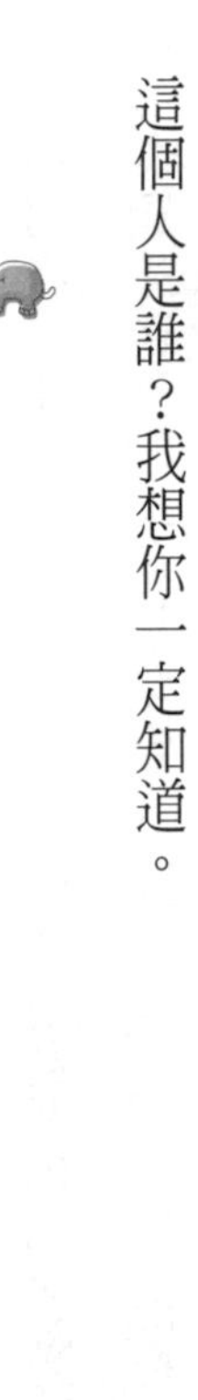

也許你不曾察覺，除了母親，一直有個人，在背後默默地愛著你，不讓你知道，也不求你回報。若是你哭了，他會感到自己的內心陰雨綿綿；若是你開懷大笑，他的世界便有了陽光。

這個人是誰？我想你一定知道。

這是古老，但值得再三咀嚼的溫馨故事。

女孩喜歡音樂，每天清晨，對面的人家傳來鋼琴聲時，她便癡癡地趴在陽台上靜靜聆聽。鋼琴的聲音是多麼美妙啊！如果自己也能擁有一架鋼琴……不，不，如果自己可以摸一摸鋼琴，坐上去彈一次，那該有多好啊！

女孩的一舉一動全都看在父親眼裡，他知道女兒每天清晨，必定趴在陽台上，手指在陽台的欄杆上面忘情地跳躍著，心裡開始有了一個願望。

從小到大，女孩從來沒見過父親買過一件像樣的衣服，身上的衣服總是縫縫補補，洗得近乎發白。女孩知道自己應該卯足全勁用功讀書，只要自己夠努力，將來一定能考上音樂學校，如此一來，就每天都有鋼琴可彈了。

也許是因爲經濟不景氣吧，爲了賺取生活費，父親似乎比以前忙了許多，每天早出晚歸，累得來不及洗澡便倒頭就睡。

日復一日，女孩不知爸爸爲何如此拼命，卻知道爸爸頭上的白髮已經多得數也數不清了。就這樣，五年過去了，女兒終於考上了最好的高中。

父親歡天喜地去銀行取出了存款，一路上沈浸在喜悅之中。他想像著女兒看

到禮物後欣喜的表情，不知道自己背後正跟著一雙不懷好意的眼睛。

父親走到一家商店前面，看到了櫥窗裡的鋼琴。這架直立式鋼琴是二手的，卻保存得十分新穎，上頭的標價寫著「五萬塊」，而他這五年來所攢的積蓄正好夠支付這筆錢。

他一邊數著手上的鈔票，一邊叫來售貨員，當他滿心歡喜地數到最後一張鈔票時，手上一條被刀子劃開的血痕凝結了他的笑容。

父親變得茶飯不思，鬱鬱寡歡，頭上的白髮顯得更多了，女孩見到這種情形，除了擔憂，還是擔憂。幾天後，父親拿出一樣東西交給女兒，那是一塊長長的木板，上面貼著厚紙板，紙板上畫著鋼琴的鍵盤。父親說：「爸爸真沒用，本來想給妳買架真的鋼琴的……」

長久以來，女孩第一次看到了父親的淚水，她激動地摟住爸爸的脖子，雖然不知道發生了什麼事，但她什麼都明白。

女孩坐在紙鋼琴的前面，十指輕快地跳躍在琴鍵上，她彈得淚流滿面、如癡如醉，她彈的是一首交織在父親與女兒的心中，永恆不朽的溫馨旋律。

看了這個故事，你是否想起那個日漸衰老、皺紋滿面的父親？

也許，我們的父親一生庸庸碌碌，看起來一事無成，和別人的父親不能相比；也許，父親的愛乍看之下是那麼粗糙，不像母愛那般細緻入微，父親也從來不曾像母親一樣溫柔地哄我們入睡。

但是，不要忘記，父親和母親一樣，比世界上的任何人都愛你，爲了子女的快樂，他同樣有勇氣拋棄一切，包括自己的生命。

沒有他，就不會有你，在感謝媽媽的同時，別忘了，還有一個人，一直在背後默默的愛著你。

人際互動從親情開始

不管世界怎麼改變，親情的支持力量遠大於其他的助力，親情間的互動更是所有人際互動中的首要。

百善「孝」爲先，這是萬物初生的開始，看似平凡，其實珍貴。父母是我們要掛念一輩子的人，因爲他們總是這麼對我們說：「累了嗎？沒關係，我們會給你一輩子的依靠！」

我們最早感受和源源不斷得到的愛，都來自於雙親。不管他們是什麼樣的人，我們都應該把他們當成自己的鏡子。

球場上，有位年輕人正在練習足球，爲了能早日上場比賽，四年來他幾乎是風雨無阻地練習，每天在球場上一定會看見他的身影。

不過，最讓教練注意的，卻不是他的練球精神，而是他與父親之間的情感，因爲每當父親來到球場，他便會立刻上前，帶父親在球場上慢慢地散步、聊天。好幾次教練看到這溫馨的一幕，都想要上前與他的父親聊一聊，但一直都沒有機會。

就在球季的某一天，年輕人向教練說：「教練，我父親剛剛去世了，我想請假回家辦理喪事。」

教練體諒地對他說：「傑利，你放心地回去處理事情吧！不過，你也不必急著在比賽前回來。」

雖然教練這麼說，但在比賽的前一天晚上，傑利卻出現在教練面前，提出了另一個請求：「教練，我想請您允許我一件事，請讓我出賽！」

教練猶豫了許久，最後敵不過傑利的懇求，只好答應了，但是這個答應，卻讓教練失眠了一夜。因為，傑利的表現一直都不理想，而明天的隊伍實力非常強，他必須讓實力更好的球員出賽才行。

但是，他已經答應傑利，不能反悔了，於是他想：「明天只好再叮嚀他們好好地合作，再要求其他人，儘量別傳球給他。」

第二天，教練重新調整出賽順序，然後靜靜地祈求幸運之神降臨。

忽然，教練一聲：「喔！不！」

原來，沒想到才剛開球，球就落到了傑利的正前方，教練一緊張，便喊著：「大家注意啊！」

只見傑利緊緊地控制住球，而且一路閃躲過了三個人，直到過了中場線，才被對手扭倒，並獲得一次十二碼球的機會。

對敵手來說，眼前這個小伙子，他們一點印象也沒有。原來，傑利對敵人來說一點也不具攻擊性，甚至在情報記錄上一個字都沒有，只因這場比賽是傑利第一次正式出賽！

上半場幾乎是傑利的天下，只見他在場上跌倒後又站起，並躍過一個又一個的阻礙；下半場時，傑利的衝勁也激勵了其他球員，大家勢如破竹地一路猛攻，直到比賽結束。

他們勝利了，成績更是創下了紀錄，大家回到休息室時，每個人都開心地歡呼著，但是就在這個時候，傑利卻不見了。教練四處找尋，最後看見他一個人埋著頭，躲在沐浴室裡。

教練不禁好奇地上前問他：「傑利，你怎麼了？在煩惱什麼呢？你今天表現得有如神助呢！」

傑利抬起頭，眼眶中噙著淚，說：「不是神，是我的父親，教練，您知道嗎？我父親是個瞎子，今天，他終於可以看見我參加比賽了。」

日本知名的教育作家池田大作曾經語重心長地寫道：「對孩子們來說，有如營養般重要的雙親的愛，有時苦似良藥般的嚴格，以及無限寬宏的理解，都能有

助於孩子的成長。」

父母一直流露著關愛的眼神看著自己的子女，世界上還有什麼比父母心中蘊藏的感情更神聖的呢？

不管世界怎麼改變，親情的支持力量遠大於其他的助力，親情間的互動更是所有人際互動中的首要，因爲，每個人都是從「父母」開始。

孝順的傑利爲了不讓父親失望，把對父親的思念轉化爲力量，因爲他相信，生前什麼都看不見的父親，如今一定在天國守護著他。

看完傑利的故事，幸福的我們，慶幸還有父母親可以依賴的同時，是否更要懂得珍惜眼前的一切呢？

發現需要，才能對症下藥

想解決問題，不能只看事情的表面，糾在心裡的病痛如果沒有同時解決，身體上還是會出現許多莫名的「心理病」呀！

對自己缺乏信心的人，很難活出亮麗的人生，一遇見不如意的事，只會怨天尤人，生病之時則會變成讓人頭疼的病人。

面對病痛，與其四處找尋名醫仙丹，不如建立病人的康復信心，讓他們體內的免疫系統能更加積極地拯救自己。

有個脾氣暴躁的富翁忽然身染重病，但是固執的他，不管家人們怎麼勸說，就是死也不肯就醫。

最後，有位摯友看不下去了，親自帶了一位醫生來看他。

當然，脾氣古怪的富翁非常不合作，家人拿藥給他吃時，只見他生氣地說：「哼，這個醫生的嗓門居然比我還大，我才不吃他開的藥呢！」

不得已，大家又找了一位談吐文雅的醫生，但是情況依舊沒改善，而且富翁這次還當場吐槽：「叫那個裝模作樣的傢伙領完出診費，馬上就離開，哪有人看病這麼馬虎的！」

富翁的病一天天地惡化，家人雖然受不了他的固執，但又無法逼他吃藥，全都急得團團轉，想不出什麼解決方法。

這天，富翁的體溫驟升，有個朋友正巧遇見一位著名的年輕醫生，連忙拜託：「請您救救我的朋友吧！他的病情已經相當嚴重了，卻又不肯看醫生吃藥，你有沒有法子救他？」

年輕醫生看他如此誠懇，便爽快地答應：「放心，我有辦法！」

年輕醫生隨這位朋友前去富翁家，一進門便親切地問富翁：「親愛的大伯，您今天感覺好些了嗎？」

富翁看著眼前這個陌生人，點了點：「還好啦！」

聽見富翁的回答，醫生便笑著說：「放心，我相信您很快就會好了。」

接著，醫生請傭人準備些冰塊，輕輕地敷在病人的額頭上，頓時之間富翁感覺舒服多了。

醫生看見富翁的臉色放鬆了下來，便順著他的情緒問：「大伯，您是否願意吃些我開的藥方呢？可以好得更快喔！」

這一次，富翁居然答應了，默默地點了點頭。

於是，醫生把藥準備好後，又在藥水中加了點蜜汁，然後親自餵食。

一會兒，富翁喝完了藥，很平靜地說：「很甜耶！」

說完話，他吐了口氣後便睡著了。傍晚醒來的時候，富翁不僅燒退了，身體也舒服許多。曾經醫治過富翁的大夫，紛紛上門請教這個年輕大夫，到底用了什麼方法說服這個古怪的富翁，並治癒他的病。

這位年輕的醫生笑著說：「其實，沒什麼特別的。他想要什麼，就給他什麼囉！總之，心病還需心藥醫！」

你認爲這位醫生用了什麼仙丹靈藥呢？

當然不是什麼仙丹與靈藥，而是一份眞誠的關心。年輕醫生知道，富翁眞正的問題，不在於病痛，而是他無法感受到眞正的體貼與關心，只要他一發脾氣，人們只會怪他個性古怪，卻沒有人發現他的需要。

所幸，這位年輕醫生發現了，這就像許多躺臥在床上的病人一樣，不管身上的病況嚴不嚴重，只要有人眞心關懷、慰問與鼓勵，病情便會漸緩，或是日漸康復。

延伸到生活中，當我們遇上難題時也是如此，想解決問題，不能只看事情的表面，而要發自內心面對。即使我們可以逼迫病人把藥吃了，暫時解決身體病痛，但是，糾在心裡的病痛如果沒有同時解決，身體上還是會出現許多莫名的「心理病」呀！

2 PART

心情樂觀 就能渡過難關

二十世紀最偉大的發明家愛迪生曾說：

「不管環境變換到何種地步，

我的初衷與希望仍不會有絲毫的改變。」

只有過人的能力才能讓你東山再起

福特汽車的創辦人亨利．福特說：「在這個世界上，唯一可以保障你的，就是你的知識、經歷和能力。」

查爾斯．曼茲博士曾說：「用全新的角度看待生活，任何事情都會有轉機。只要我們能掌握自己的心境，從細微之處發現不平凡的東西，表面上的失敗就能轉化為現實的成功。」

心情是決定事情成敗的重要關鍵，心境一旦改變，眼前的事情就會朝著不一樣的面向發展。老是用負面的心情看待問題，再如何簡單容易的事情，也會籠罩上層層陰影。相對的，想要讓自己心想事成，就必須時時保持正面樂觀的好心情。

一九七八年，汽車界的名人李．艾柯卡莫名其妙地被福特汽車公司的董事長福特二世解僱了。

艾柯卡出任福特公司的總經理之後，曾爲福特公司創造輝煌的業績，當時他正率領著福特公司全體員工，不斷地銳意革新，準備要和通用公司一拼高下。但是，福特二世發現艾柯卡的地位和威信與日俱增，開始威脅到他的領導權威，於是突然宣佈解除艾柯卡的總經理職務。突如其來的變化使艾柯卡一下子從山頂摔到了地面，陷入個人生涯事業的最低潮。

還好艾柯卡的經營管理能力，早就衆所皆知，他憤而離開了福特公司，應克萊斯勒公司邀請出任總裁，站在起跑線上，再次重新出發。

當時的克萊斯勒公司處於最嚴重的營運危機之中，連許多政府官員都預測，克萊斯勒公司就快要破產。

但是，艾柯卡卻憑著自己的才能和衝勁，率領全體員工努力奮戰，他勉勵著所有員工說：「只要我在，公司就不會倒！」

終於，艾柯卡反敗爲勝，使克萊斯勒浴火重生，擺脫了虧損局面，漸漸提高市場的佔有率，更提前把七年的貸款都還清了。

克萊斯勒的浴火重生，讓艾柯卡再一次贏得了各界的讚譽和名聲，也讓他重登事業的巔峰，這全靠著他的積極行動所獲得的成果。

福特汽車的創辦人亨利．福特說：「在這個世界上，唯一可以保障你的，就是你的知識、經歷和能力。」

想要在這個競爭劇烈而又變幻莫測的時代出人頭地，一定要擁有過人的本事。能力不是一天就能培養起來，必須靠著日月的累積。如果你不想錯過任何機會，那麼就要把自己變成擁有實力的人。

人生的成敗全看你的能力，只要具備了過人的能力，不管走到哪裡，就一定會得到重用，即使失敗了，也能讓你迅速地「東山再起」。

有著燃燒的熱情，才能不斷成長

法國文豪巴爾札克在《山間的百合》裡寫道：「熱情就像是熊熊的火焰，是一切的原動力！有無比旺盛的熱情，才可能持續偉大的行動。」

眞正成功的人士總是虛懷若谷，知道自己是一個尙未裝滿的瓶子。正因爲還沒裝滿，所以他們非常用心尋找生活中的每一個學習機會，隨時聽取別人的建議。反觀我們呢？是不是常常只完成了一件小事，就志得意滿，不屑別人的意見？

人生想過得多彩多姿，並沒有什麼特別秘訣，只要謙沖爲懷，隨時保持學習的熱情，就不會失去成功的機會。

曾在紐約市戴爾·卡耐基學院任職的激勵作家齊格，在授課時認識了一位十分傑出的推銷員埃德·格林。當時，埃德·格林已經六十歲了，年收入大約有三十五萬美元。

有一天晚上下課後，齊格和格林聊天。他直率地問格林，爲什麼要來卡耐基學院上課，因爲所有老師的薪水加起來也比不上他。

格林笑著述說自己小時候的一則小故事。

當格林還是一個小男孩的時候，有一次和爸爸到後院的菜園裡照料蔬菜，他的爸爸是個非常專業的園丁，相當熱愛在園子裡耕作，也常常爲自己的收成而開心不已。

當他們整理完菜園後，他的爸爸問他從中學到了什麼。

格林回答說：「我只知道爸爸非常用心在經營這片菜園。」

但是，對於這個回答，他的爸爸有些不滿意，對他說：「兒子，我希望你能

夠學會觀察，當這些蔬菜還青綠時，它們仍在生長；一旦它們成熟了，你就會發現它們已經開始腐爛。」

埃德．格林講完這個故事後說：「我一直沒有忘記這件事，我來這裡上課，是因為我想讓自己保持成長。」

他並向齊格說，他從這些課程學會了一些東西，而且完成了一筆生意，那個是他花了兩年多的時間試圖完成的交易，他相信這些付出的錢，都將會加倍地回收，所以非常值得。

法國文豪巴爾札克在《山間的百合》裡寫道：「熱情就像是熊熊的火焰，是一切的原動力！有無比旺盛的熱情，才可能持續偉大的行動。」

你是否對生活充滿熱情呢？有沒有像埃德．格林一樣，保持生活中學習的熱情，讓自己不斷成長？

世間沒有單純的幸福，也沒有單純的不幸，它們就像骨和肉一樣，相互連結在一起，也像是人生樂章當中相互交錯的旋律。

因此，無論身處順境或逆境，都必須提醒自己用更多的熱情面對。努力吸收，認眞充實自己，如果你保持追求成長的熱情，那麼就算你只是抬頭望了望天空，也會從任何飄過的流雲中得到生命的啓發。

你為什麼只有羨慕的份？

德國詩人海涅在《還鄉集》裡寫道：「我的心啊，你要忍受命運的打擊。冬天奪走的東西，到了新春就又會還給你。」

美國心理學家愛彌爾．庫耶曾說：「只要你充滿自信，即使是高聳入雲的群山，你也能將它們移走。相反的，一旦你自己退縮，即使是一小撮土堆，你也會把它看成萬仞高山。」

掌握自己的心情，就能掌握事情。自信所創造出的奇蹟無所不在，想成爲一個成功者，遇見困難的時候，就要充滿「我一定可以」的信心，勇敢去做自己不喜歡卻非做不可的事，活用腦力拓展生命的深度與寬度。

才跌倒了幾次，你就再也不站起來嗎？

如果是這樣，那你就像那些被魚刺噎了一次，就再也不願嘗試魚鮮美味的人一樣，想獲得成功，無異是件緣木求魚的事！

「百折不撓」不僅僅是一句掛在嘴上欺騙自己的成語，而是你可以付諸實現的座右銘，當你看著別人的成功而欣羨不已，不如告訴自己：「再多的困難我都不怕。」

有一位將軍頗有成就，朋友們都非常欣羨他擁有的財產和好運氣，每當這個時候，這位將軍就會淡淡地向對方說：「你嫉妒嗎？其實，你也可以很簡單就得到這些財富。」

他會帶著朋友到院子裡去，然後對他們說：「你往前走，站在距離我五十步的位置，我用這支手槍對你開個兩槍，如果我不能打中你，我的所有財產都歸你，如何？」

友人一聽，莫不嚇了一大跳，顫抖著身子說：「我一點也沒有嫉妒你，你別開玩笑了。」

這位將軍接著會嚴肅地說：「你不願意嗎？很好，那麼請你記住，我今天的一切都是在槍林彈雨中努力得來的，我經歷好幾次出生入死的過程，才到達你們羨慕的成就，我所有的付出和辛苦是你們想像不到的。」

德國詩人海涅在《還鄉集》裡寫道：「我的心啊，你要忍受命運的打擊。冬天奪走的東西，到了新春就又會還給你。」

任何有成就的人或你心目中的偉人，沒有一個不是經歷了種種挫折和苦難，歷經了千辛萬苦才走到今天的輝煌境地。

他們有一個共同的特色，就是百折不撓、越挫越勇，磨練了一身好功夫後，才在劇烈的競爭中嶄露頭角，脫穎而出。

很多人只會羨慕別人功成名就，老是嫉妒別人的幸福富裕，卻看不見他們的辛苦付出，看不見他們走在危險路上的努力痕跡。

麻煩闔上你那羨慕的眼神，先好好做個功課，探究他們的成功過程，你就會知道爲什麼你只有羨慕的份了。

倘使不想只是羨慕，那就請你好好努力。不要害怕困境，人生裡每一個問題的出現都有特殊的用意，只要你能百折不撓的面對每一個難題，你才能長久擁有得來不易的成功。

心情樂觀就能渡過難關

二十世紀最偉大的發明家愛迪生曾說：「不管環境變換到何種地步，我的初衷與希望仍不會有絲毫的改變。」

蘇聯作家愛倫堡曾經說過這麼一段話：「對一個人來說，日子過得快不快活，不在於他的家世、他的膚色、他的財富，或是他擁有什麼權力和地位，而是他用什麼心情面對自己的人生。」

其實，人生會有多少價值，完全在於自己如何經營，只要叮嚀自己隨時保持積極樂觀的心情，就能營造出美麗的人生。

從心理學而言，感到絕望與對令人絕望的狀況有所了解，是兩種完全不同的心理狀態。後者是客觀地認識自己所處的情勢，前者則是無法客觀地審視自己的處境。

所以，當我們感到絕望時，只要能設法弄清楚局勢，不但能使心情樂觀，還可以讓自己走出絕望之外。

第二次世界大戰爆發前，國際政治局勢充滿濃烈的火藥味。由於戰爭已經到了一觸即發的局勢，有位英國政府官員驚慌地對首相邱吉爾說：「我認爲事情已經到了完全絕望的地步。」

邱吉爾聽完卻若無其事地說道：「不錯，情勢是已經到了無以復加的絕望地步。」但是，他接著又說：「不過，面對這樣緊張的局面，我覺得自己似乎年輕了二十歲。」

許多人陷入絕望狀態時，總是想盡辦法逃避，但是，邱吉爾卻選擇面對、接受，即便遭遇再絕望的情況，也能用樂觀的心情加以面對，讓自己充滿奮鬥的精

神。

二次世界大戰結束後，邱吉爾的生活由絢爛歸於平靜，有一次他應邀到劍橋大學爲畢業生致辭。那天，他坐在貴賓席上，頭戴一頂高帽，手持雪茄，一副優游自在的樣子。

經過隆重的介紹之後，邱吉爾走上講台，兩手抓住講台，認眞地注視著觀衆不發一語，大約有二分鐘之久。然後，他才開口說：「永遠，永遠，永遠不要放棄！」接著又是一陣靜默，然後他又再一次大聲重複說：「永遠，永遠，不要放棄！」

這是歷史上最簡短的一次演講，也是邱吉爾最膾炙人口的一次演講，不過，這些都不是重點，重要的是你聽進邱吉爾的忠告了嗎？

做任何事一旦半途而廢，不管你前面付出了多少，立刻都會化成一陣白煙消失不見，經不起任何風吹雨打及考驗的人，根本別想獲得勝利。

當你聽到邱吉爾的這番話時，你能感受他勇於面對生活的力量，從而給自己一點堅持的勇氣嗎？

二十世紀最偉大的發明家愛迪生曾說：「不管環境變換到何種地步，我的初衷與希望仍不會有絲毫的改變。」

只要你記得，不到最後關頭絕不言放棄，堅持不懈的努力，你才會獲得人生中最美味的果實。

每個巔峰都是另一個突破自我的開始

英國作家普賴爾曾說：「人應該像凌空翱翔的雄鷹，永遠把眼光盯在高聳入雲的目標上。」

幽默劇作家蕭伯納說：「人能爬到至高的頂點，但不能久居在那裡。」很困惑吧！我們不是都爲了攀到最高點，所以「堅持不懈」、「永不放棄」或「保持熱情」的嗎？爲什麼不能久居呢？

這是因爲人到達巔峰之後，必須懂得「歸零」，讓自己重新開始。達到了一個階段之後，就是另一個階段的開始，生命若是能夠如此，你就沒有什麼做不到的事，因爲你知道如何不斷地提昇自己，也知道要虛懷若谷地面對成功。

「抵達了至高點」不是一個結束，而是能讓生活繼續的開始。

著名的律師威廉斯曾經說過一段膾炙人口的話，他說：「我認為『成功』或『勝利』的定義，是用最大的限度來發揮你的能力，包括體力、智力以及精神和感情的力量，不論你做的是什麼事情，只要做到了這一點，你就可以感到滿足，認定自己就是個成功者了。」

就像威廉斯所說的，只有一個人的能力發揮到最大限度才叫成功，那麼成功肯定是沒有止境。

就算你在某個領域已經成功，你也不想停留在頂端，而是會繼續開心地朝另一個領域前進，因爲你的能量並沒有發揮完畢，你還有很多可以做的事，可以在成功之後，獲得更大的成功。

所以，即使你已經很成功了，也不要因此自滿，更不要生活在一時或過去的

榮耀之中，畢竟成功不是人生停留的唯一歸宿，也不要讓昨天的成功影響了今天的工作。

英國作家普賴爾曾說：「人應該像凌空翱翔的雄鷹，永遠把眼光盯在高聳入雲的目標上。」

人生，直到走入塵土前，都應該不斷地以超越自己爲目的，而不是只爲了一個願景的實現而滯留不動。

德國鐵血宰相俾斯麥到了七十歲，還孜孜不倦要開創自己人生的新遠景，曾在十九世紀擔任四任英國首相的格萊斯頓，到了七十歲還勉勵自己學習新語言。正因爲他們不斷地超越自我，所生命才有非凡的成就。因此，人必須把高峰的高點當做另一個新起點，而不是往下走回山谷底的終點。

人生的遠景充滿無限可能

俄國作家契訶夫說：「路是人的腳步走出來的，為了多闢幾條路，必須往沒有人的地方走去。」

激勵大師拿破崙・希爾說：「思想僵化的人永遠不會有所發展。」

這是因爲，思想僵化的人，習慣以固定的方式做事，也喜歡過著一成不變的生活，不願去嘗試變化，因此生活彷彿是一潭停滯不動的死水，無法孕育出新的生機。

拿破崙．希爾曾經聘用了一位年輕的小姐當助理，工作大致是拆閱、分類及回覆他大部分的讀者信件，另外還有一項工作是聽他口述並記錄信的內容，她的薪水和其他助理相同。

有一天，拿破崙．希爾說了一句格言，請她把這句話記錄下來：「記住，你唯一的限制，就是自己腦海中所設立的那個限制。」

當她把打好的紙張交給拿破崙．希爾時，對他說：「這句格言讓我得到了一個啓發，相信對你我都非常有價值。」

這件事並未在拿破崙．希爾的腦中留下特別印象，但是，從那天起，他卻感受到這句話對這個女助理產生深刻影響。

從此以後，她在用完晚餐後便又回到辦公室，並且做一些不是她份內而且也沒有加班費的工作。

她會把寫好的回函信送到拿破崙．希爾的辦公桌上。

她認真研究了拿破崙．希爾的處理風格，因此，這些信跟他所寫出來的一樣好，有時甚至更好。

她非常努力認眞，工作態度也一直保持良好，有一天，拿破崙・希爾的私人秘書辭職，當他準備找人來遞補這個空缺時，卻驚訝地發現她已經主動地接收了這項職位。

因爲，在下班之後，沒有支領加班費的情況下，她已經把自己訓練成出任拿破崙・希爾專屬秘書的第一人選。

由於這位年輕小姐的辦事效率太高，引起其他人的注意，不斷有人提供了很好的職位想請她擔任。於是，拿破崙・希爾不得不多次提高她的薪水，到後來，薪資竟提高到她初到之時的四倍。

因爲，她讓自己不斷增值，雖然之前辛苦的付出，但那卻成了她最佳的籌碼，使得拿破崙・希爾完全不能缺少她這個幫手。

是什麼力量讓這個年輕小姐有這樣的成功？

那就是積極向上的進取心，使她在競爭中脫穎而出。

有一位老師經常向那些自稱擁有三十餘年教學經驗的老師，提出這樣一個問題：「你確定自己真的教了三十多年書，還是只教了一年書，然後把它重複了三十多年？」

聽得出這位老師的意思嗎？

俄國作家契訶夫說：「路是人的腳步走出來的，為了多闢幾條路，必須往沒有人的地方走去。」

你還在過著日復一日重複自己影子的生活嗎？每天問一問自己：今天和昨天有什麼不同，有什麼新的啓發？

當你在生活中努力發揮自己的多元能動性，你才會知道未來充滿無限可能，只要自己願意去開創。

設法做主宰命運的人

俄國文豪高爾基在短篇小說《時鐘》中寫道：「人有兩種生活方式：腐爛或燃燒。膽怯而貪婪的人選擇前者，勇敢而積極的人選擇後者。」

儘管有人說，沒有雄心壯志的人，生活就會缺乏偉大的動力，自然無法有傑出的成就，但是，過度的渴望，常常會導致極度的失望。

其實，不必給自己太多偉大的志向，只要知道什麼才是生活的意義，把握當下去做你眞正想做的事，就算那只是件芝麻綠豆般的小事，也都會使你的生活中變得不平凡。眞正懂得自在生活的人，並不是什麼都不做，而是能夠知足微笑地面對眼前的一切，依照自己的意志去做對生命有意義的事。

就算日子充滿苦惱，我們都要設法做主宰命運的人。

有個年輕人躺在公園的椅子上曬太陽，衣衫襤褸、神情萎靡，一直有氣無力地打著哈欠。這時，有一個老伯伯走了過來，看著他，忍不住好奇地問：「年輕人，難得天氣這麼好，你不去做些有意義的事情，怎麼懶懶散散地在這裡曬太陽？豈不是辜負了大好時光？」

「唉！」這個年輕人嘆了一口氣說：「在這個世界上，我除了這個軀殼外，已經一無所有了，又何必費心費力地做什麼事？我啊，每天在這裡曬曬我的身體，就是我唯一可以做的大事了！」

「你沒有家嗎？」老伯伯好奇問。

「當然沒有，」這傢伙吃驚地回答：「你知道，與其背負家庭的重擔，倒不如沒有比較好。」

「難道，你都沒有喜愛的人？」

「沒有，與其愛過之後反目成恨，不如乾脆不去愛。」

「那朋友呢？」

「也沒有，與其得到之後可能還會失去，不如乾脆沒有。」

「那你怎麼不想去賺錢？」

「那更不想，你想想看，錢賺了之後又會花光光，那何必勞心費力把自己搞得那麼累？」

「喔？是這樣嗎？」老伯伯若有所思地對他說：「看來，我得快點幫你找根繩子才行。」

「找繩子？幹嘛？」這年輕人好奇地問。

「幫你自殺啊！」老伯伯一臉認真地說。

「自殺？你幹嘛叫我去死？」這年輕人驚訝地叫了起來。

老伯伯看著他說：「是啊，人有生就有死，以你的推論，那與其生了還會死，不如乾脆就不要出生算了。現在你的存在，根本就是多餘的，那不如死了算了，那不是正合你的邏輯嗎？」

年輕人聽了這話，低下了頭，不敢再回話。

如果你在街上問那些熙來攘往、行色匆匆的行人：「現在你過的，是你眞正想過的生活嗎？」相信，你會收集到很多「皺眉」和「苦笑」，因爲很多人根本連自己想要什麼都不知道，又怎麼會有開心的生活呢？

俄國文豪高爾基在短篇小說《時鐘》中寫道：「人有兩種生活方式：腐爛或燃燒。膽怯而貪婪的人選擇前者，勇敢而積極的人選擇後者。」

什麼才叫生活的意義，什麼才是生命的價値，每個人的標準不同，但是要找到自己眞正想過的生活，卻是共同的準則。

給你一個良心建議，不必非得豐功偉業，也沒有必要立志當聖人，只要認眞想想，自已要的到底是什麼，興趣在哪裡，爲什麼而生活，你就不會像故事中的年輕人萎靡地躺在公園的椅子上曬太陽，也不會有人覺得你活著是多餘的，而想找根繩子請你上吊自殺！

每個人都要有屬於自己的長才

英國作家卡萊爾說：「獨創的功績不在於標新立異，而在於真誠的態度。只有真誠地面對自己，才能發現自己獨特的才華。」

英國作家伯頓曾經寫道：「如果這個世界上有地獄的話，那就存在人們憂鬱和苦惱的心田中。」

憂鬱和苦惱往往來自不知足或不願面對事實，如果你不想讓自己活在「地獄」之中，那麼就必須重新評估一下自己。

自我評估一下，在你現在所處的工作環境中，你是可有可無的一般員工，還是公司不可或缺的人才？

不論你想從事什麼職業，想在什麼方面有所成就，只要記得，找出自己的最大特長，然後發揮出來，任何事情就都能如你所願的前進。

有一個華裔留學生到美國移民局申請綠卡的時候，遇到一位中年婦女。這位留學生從她被曬成古銅色的皮膚猜測，認定她是個農家出身的婦人，因而好奇地上前和她聊天。

一問之下才知道，這位婦人來自中國北方的農村，因爲女兒嫁到美國，所以才來申請綠卡。

儘管她只讀過小學，只會說「hi」和「good-bye」，但是竟然順利申請到綠卡，這位留學生便好奇地問她，到底是怎麼通過的。

這位婦人說，她在申報的理由上，填了一個「技術專長」。

移民局官員看到她的申請表，便問她：「妳有什麼技術專長？」

她回答說：「我會剪紙畫。」

接著，她從包包裡拿出一把剪刀，快速地在一張彩色紙上裁剪，不到三分鐘，她就剪出一堆栩栩如生的動物圖案。

移民局官員瞪大了眼睛，看著她像變魔術似地剪出這麼多紙畫，不禁豎起了大姆指，連聲讚嘆。這時，她又從包包裡拿出一張報紙說：「這是報紙幫我刊登的剪紙畫。」

美國移民局官員一邊看，一邊連連點頭說：「OK！」

她就這麼順利過關了，旁邊和她一起來申請卻被拒絕的人，不禁露出既羨慕又嫉妒的眼神。

這就是美國人的思維模式，你可以不懂企業管理、金融知識，可以不會電腦，甚至也可以不會英語，但是，你必須至少會一樣：「你自己的特長」。

英國作家卡萊爾說：「獨創的功績不在於標新立異，而在於真誠的態度。只有真誠地面對自己，才能發現自己獨特的才華。」

仔細想想，這個婦人的小故事，是不是在任何的領域裡都非常適用？

以職場而言，具有特殊專長的人，不僅薪資比別人高，也比起任何只具普通能力的人更有升遷機會。所以，不管在任何領域中，你都必需有一個屬於自己的獨特專長，像在電腦公司，你就要比別人更懂得電腦程式的問題；在機械工廠你必需訓練自己，光聽聲音就能知道問題所在；或者做任何事，你都要比別人更有耐力和毅力。

用心靈魔法
創造生命奇蹟

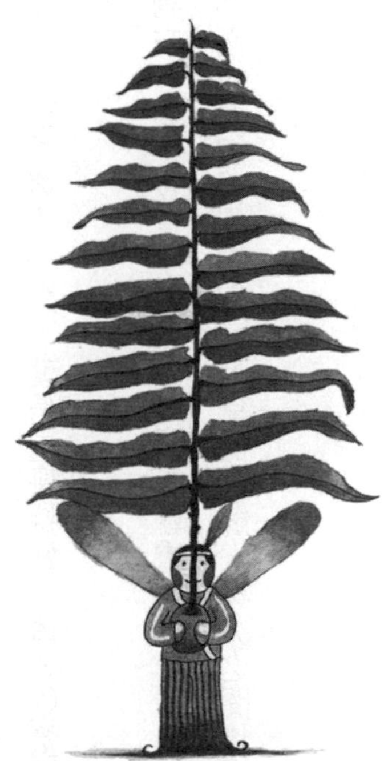

生活中有各種交流與溝通的方式，
我們都有機會遇見，
甚至被其中之一激發出生命的潛能。

笑容就像柔暖的春風

帶著溫暖的笑容融化身邊的陌生人，你將會發現，原本只有你一個人微笑的街景，很快地將在城市裡的每一個角落綻開。

日常生活中，我們都免不了要和形形色色的人打交道。不管是什麼形式的交流，想表達自己的意見時，最重要的一點，就是先保持好心情，儘量用鼓勵、讚的言詞說和對方交談。

鼓勵與讚美的言詞中，其實包含了人與人之間的尊重與體諒，也傳遞著彼此間的信任與情感。這不僅能增加我們的信心，更能化解人與人之間無意中造成的隔閡與摩擦。

鮑奇華和一位朋友正搭著計程車，往紐約城的方向前進。

下車時，朋友忍不住對司機說：「謝謝您，搭您的車非常舒服。」

沒想到這位司機聽了，居然問說：「你該不會不夠車錢吧？」

朋友笑著說：「我不是開玩笑，我是眞的很佩服你，在這麼混亂的交通中還能保持如此沉穩。」

只見司機的臉色略略輕鬆說：「是這樣呀！」

「爲什麼你要這麼說？」事後，鮑奇華不解地問。

朋友說：「我想讓紐約多點人情味，這樣，這個城市才有救。」

鮑奇華不以爲然地問：「你一個人能做多少事？」

朋友搖了搖頭：「我只是起個頭，我相信，這句話一定能讓司機快樂一整天。你想，他今天如果載了二十位客人，那麼將有二十位乘客會收到司機的好心情，然後，這二十位乘客將繼續把快樂分享給其他人。算一算，我的好意將會傳達給一千多人，不是嗎？」

鮑奇華又問：「好吧！但是，實際效果你又測不出來？」

朋友笑著說：「就算沒效果，我也沒有損失啊，你想想看，稱讚那司機花不了我多少時間，而他也不會因此少收幾塊小費！如果他無動於衷，我還有明天可以繼續努力。」

鮑奇華搖了搖頭：「你真是太天真了。」

朋友說：「你會這麼想，那就表示你有點冷漠喔！我曾調查過郵局的員工，他們最感沮喪的，除了薪水微薄外，就是欠缺別人對他們的肯定。」

鮑奇華有點不滿地說：「他們的服務態度真的很差！」

朋友說：「那是因爲他們認爲，沒有人會在意他們的服務態度，我們爲何什麼不先給他們一些鼓勵呢？」

鮑奇華看著呆呆又可愛的朋友說：「但是，只靠你一個人有什麼用？」

朋友吐了口氣，認真地說：「我經常告訴自己：『永不洩氣！』雖然要讓這個社會變得溫馨和樂很不容易，但是，只要能影響一個就是一個！」

「剛才那個女孩長得那麼平庸，你沒事幹嘛對她笑？」鮑奇華插嘴問。

友人笑著說：「那又如何？我只知道，如果她是個老師，今天每一位上課的同學一定會如沐春風。」

很多人之所以覺得自己不幸福，往往是因爲心中的偏執作祟，無法放下自己對諸多人、事、物的主觀認知所致。只要懂得放下心中那些纏繞自己的偏見、成見，我們就可以讓自己過著快樂生活，並且將快樂傳播給別人。

就像鮑奇華的朋友所說的：「一個人也行，只要有開始，就一定會有人被影響，並繼續傳播下去！」

沒有人不希望生活快樂，也沒有人會期望社會冷漠，但是，如果連你自己都快樂不起來，又如何能擁有快樂的大世界呢？

從自己開始做起吧！

帶著溫暖的笑容融化身邊的陌生人，因爲慢慢地你將會發現，原本只有你一個人微笑的街景，很快地將在城市裡的每一個角落綻開笑容。

讓過去成為美麗的回憶

總是弔念著錯過的你，別再怨嘆著已逝的過去，我們永遠無法預視未來，這樣的結果，反而能為你留下「最美的記憶」。

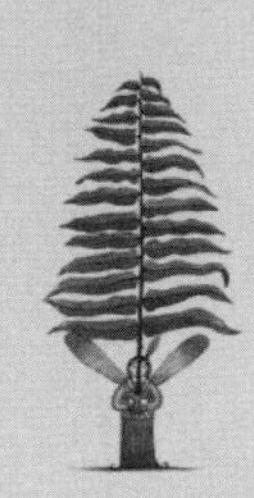

生活中，你總是擔心著「錯過」嗎？

不必擔心那麼多，因爲，如果沒有這些「錯過」的經驗，我們又怎能學會「珍惜」，心中又麼會有那麼多的美麗回憶。

漢德斯曾經深愛的一個女孩，名叫雷琪兒。

雷琪兒的一舉一動，總是牽引著漢德斯的視線與他的心，可惜的是，這似乎只是漢德斯的單戀。

中學畢業以後，女孩上了大學，漢德斯則加入了軍隊。

第二次世界大戰時，他被派到海外，在那些分別的日子裡，他們仍然保持通信，接到雷琪兒的信，是陪漢德斯熬過漫長戰火歲月的唯一慰藉。

有一天，雷琪兒寄來了一張泳照，看著美麗依然的愛人，漢德斯心中不斷地聯想著：「這樣的天使，我能給她怎樣的幸福呢？」

但在這一封回信中，漢德斯卻騙她說：「我結婚了。」

從此，雷琪兒的信越來越少，也不再那麼熱情了。

戰爭結束後，漢德斯回到美國的第一件事，便是找雷琪兒。

不過，她的母親卻相當冷淡地告訴他：「她已經嫁給一位醫生了，我以爲她已經寫信告訴你了。」

就這樣，兩個人從此分離，再也沒有互通訊息，不久之後，漢德斯也眞的「結婚」了。

歲月如梭，事隔四十多年後，漢德斯接到了雷琪兒丈夫去世的消息，而雷琪兒也回到了家鄉，打聽了漢德斯的消息。

漢德斯從來沒有想到，兩個人還會有見面的一天。

只是，漢德斯見到的，卻是位白髮蒼蒼的老婦人：「這就是我難忘的雷琪兒嗎？她眞是我心中貌美如花的女孩嗎？」

兩個人像老朋友一般地敘舊，說著說著，雷琪兒忽然拿出了一張殘破的紙：「你還記得這個嗎？」

那是他在中學時寫給她的一首詩，漢德斯仔細看著不工整的詩句，那段記憶忽然全都湧上心頭。

漢德斯嘆了口氣說：「打仗時，妳的照片我一直帶在身邊。」

雷琪兒終於了解了眞相，離開前，轉身對他說：「我有句話想告訴你，謝謝你曾那樣愛我。」

漢德斯一聽，整個人都呆住了，站在冷風中，他撫著女孩曾經留下的吻，此刻似乎仍然溫熱著……

是因爲戰爭讓兩個相愛的人分離，還是因爲戰爭拉近兩個人的距離？認爲自己是單相思的漢德斯，一直都未發現，其實雷琪兒早已接納了他，不然又怎麼會寄上照片，一解他的相思苦？

說漢德斯是個呆頭鵝，想必沒有人會反對吧！

看這兩個昔日若有似無的戀人，各頂著白髮相遇時，你是否也像他們一般，心中再度泛起了漣漪？

一紙殘破的詩句，一張戰火時相伴的照片，顯示出來的正是一個綺夢般的美麗回憶。

很多事情，錯過了便只剩下回憶；很多時候，相聚便是難得的福氣。總是弔念著錯過的你，別再怨嘆著已逝的過去，因爲我們永遠無法預視未來，而這樣的結果，其實反而能爲你留下「最美的記憶」。

用心靈魔法創造生命奇蹟

生活中有各種交流與溝通的方式，我們都有機會遇見，甚至被其中之一激發出生命的潛能。

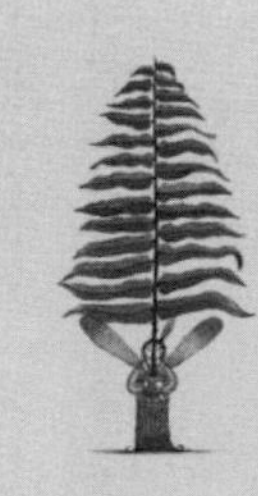

當你欣賞魔術時，是否也想知道其中內幕？但是，當魔術被破解時，你的生活就會少了許多想像與樂趣。

如果，小小的魔術總是激起你對生命的無限想像，那麼，就讓魔術的秘密永久保存，讓生命的想像持續不斷地創造下去。

維特是名職業魔術師，經常出現在洛杉磯一家飯店，表演精采的魔術。

今天他又走到台下，準備與觀眾同樂，只見他走一個小餐桌旁，和其中一位小女孩交談，並請她選擇一張牌。

這時，小女孩的父親告訴他，溫蒂是他的女兒，是個盲人。

維特笑著說：「這對她最好不過了，溫蒂，妳願意幫我嗎？」

女孩點了點頭：「好哇！」

接著維持在小女孩的耳邊說了幾句話之後，便坐到女孩的對面，開始他們的魔術遊戲。

維特大聲地說：「溫蒂，我會選一張牌讓妳摸，這些牌子不是紅色就是黑色，我希望妳能用自己的靈感，告訴我們這張牌是什麼顏色，明白嗎？」

溫蒂點點頭：「好！」

於是，維特拿出了一張梅花K說：「溫蒂，這張是紅色還是黑色的？」

停了片刻，盲女孩說：「黑色的。」

掌聲立即響起，因爲她猜中了。

維特又出拿一張紅桃七說：「這張呢？紅色還是黑色？」

溫蒂想了想說：「紅色的！」

她猜了六次，六次都對，她的家人實在不敢相信，她怎麼會這麼幸運。

到了第七張牌，維特向所有觀衆出示了一張紅桃五，然後問：「溫蒂，這一次我們換個問題來考妳，請妳告訴我，這張牌的數碼和花色……是紅桃、方塊還是黑桃？」

等了一會兒，溫蒂自信地說：「紅桃五！」

這下子每個人都以爲，溫蒂有什麼特異功能，個個都發出驚嘆的聲音。

爸爸忍不住問維特爲什麼會這樣，維特回：「你不妨去問問溫蒂吧！」

父親問：「溫蒂，妳怎麼會猜中？」

沒想到溫蒂卻笑著說：「這是魔術喔！」

也許，很多人也有疑問，溫蒂是怎樣知道撲克牌的顏色？

後來，維特偷偷地告訴學習魔術的人說：「當時，我悄悄地對她說，溫蒂，如果我輕拍妳的腳一下，就是紅色的，如果拍兩下那就代表黑色。」

那紅桃五怎麼猜中的呢？五的話他就拍她腳五下，至於是紅桃、黑桃或梅花，他則用敲打的方式讓她知道，那張牌是「紅桃」。

維特說：「這個魔術的重點不在解答過程，而是『魔術』帶給溫蒂的心靈作用，它不僅帶給她瞬間『光明』，還讓她成爲現場最重要的人物。」

不久，維特收到溫蒂的一個包裹，包裹中有一副布萊葉盲字撲克牌及一封信，信中小女孩除了表示感謝之外，還寫著：「我希望你用這副布萊葉盲文牌，讓更多的盲人變出更多的魔術。」

幸福快樂的秘訣就是隨遇而安，放下物質世界加諸自己身上的枷鎖，用心體會生活中的每個細節，生活就會更加充實自在。

英國激勵作家斯邁爾斯曾說：「仁慈和善意並不體現在禮物上，而在於一顆善良而誠摯的心。」

最有價值的禮物，必然蘊含著人際關係的溫馨互動，它的價值不是金錢或世俗的財物所能比擬的。

生活中有各種交流與溝通的方式，我們都有機會遇見，甚至被其中之一激發出生命的潛能，一如小女孩遇見的「魔術」。

這個魔術對維特來說，最大的意義不在於魔法，而是魔術表演時給人們的觀感與激發，一如他說的：「魔術給人們的不只是想像，而是能激起人們發揮創造生命奇蹟的作用。」

於是我們看見，小小魔術激起的，不只是人們對小女孩的驚嘆，更重要的是，還有小女孩對自己的肯定和自信。

讓心中充滿感激

不懂得珍惜，幸福是不會接近你的，因為美麗幸福的社會，只會是在相互扶持與心存感恩的關係中出現。

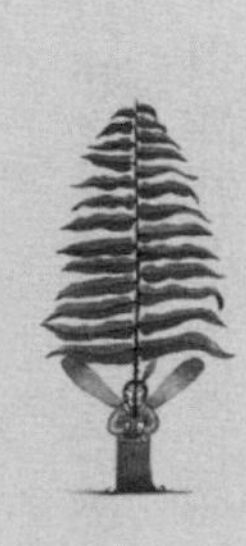

沒有人天生就應該施捨別人，也沒有人天生就應該接受別人的施捨。善心的人都是自發性的，他們不求人們的回報，但是那不代表接受幫助的人，就可以不必心懷感激。

冰雹一直落下，最後把屋頂、菜園、田地等地方全部覆蓋住了，連樹木上的

葉子也被打得一片不剩。

古德嘆了口氣，站在被冰雹破壞的家園說：「今年，我們連一顆玉米、一顆豆子也收不到了，看來要等著挨餓了……」

這一天，有位牧師來到農莊裡安慰大家：「不必太難過，因為上帝不會讓人餓死的，沒有人會被餓死！」

忽然間，古德大叔心中升起了一股力量，他相信牧師的教誨，上帝會知道他們的希望，並盡力幫助他們。

於是，古德大叔拿起筆，寫了一封信給上帝！

上面寫著：「上帝，請您救救我們，我們今年就要挨餓了。我目前急需一百塊買種子、糧食等等，請您幫幫忙！」

最後，他在信封上寫了「上帝收」，便將信投入了郵筒中。

當郵務士發現這封上帝的信，實在不知道要如何處理，只好交給領班克博德。

克博德看了這封信後，便想：「沒想到有人信仰這麼堅定，但願我的信仰也像他一樣堅定。不如，讓我來實現這一切吧！」

於是，克博德決定，他要以上帝的名義回覆這封信。然而，當他把信拆開來看時，才知這封信的需要，不是幾個字就可以打發的，還要有實質的幫助，於是他呼籲大家捐點錢，幫助這個信仰堅定的人。

大家都很熱情，紛紛捐了點錢，希望能幫助這個尋找上帝的人。

但是，克博德只湊足古德七十塊，沒辦法，他只好把錢裝進信封，並寫上收信人的姓名和地址，並簽了「上帝」兩個字。

古德大叔來到郵局，沒想到上帝眞的回信信了，開心地拿著信回家。

默默行善的克博德，也站在台階上看著這一幕，心裡開心地想：「原來做好事會這麼快樂。」

古德大叔對於上帝寄錢給他的事深信不疑，當他發現信封裡裝有一疊鈔票的時候，臉上居然一點也不訝異。

但是，當他點完了鈔票數目，卻生氣地想：「難道連上帝也出錯？」

只見古德大叔又折回郵局，並要了紙和筆寫信給上帝，上頭寫著：「上帝您好：我要的錢沒有如數收到，這裡只有七十塊錢，請務必再寄三十塊錢給我，因爲我急需用錢。還有，下次付款時千萬別用郵寄的，因爲郵局內的傢伙全是小偷，不可不防！」

當好心的郵差遇見愚夫時，會有什麼樣的結果？

這就像俗話所說的「好心沒好報」，你的付出人們不知感恩，如果送佛不能送到西天，你就要等著人們的埋怨了。

社會中，不乏像古德一樣的人，他們認爲接受別人的幫助是應該的，認爲人們伸手相助也是應該的，但是如果換作自己是伸手相助的人，遇見狗咬呂洞賓的情況，不知會不會感到心寒呢？

別像古德大叔一樣，收到了「上帝的錢」，心中不但沒有感激，反而不懂得珍惜，那麼幸福是不會接近你的。因爲，美麗幸福的社會，只會是在相互扶持與心存感恩的關係中出現。

機會是自己爭取來的

不必羨慕別人的背景與機會，因為，每個人都會有自己的機會，用自己的實力與努力，自然能打造屬於自己的一片天。

絕大多數人的失敗和煩惱，其實都源自於錯誤的心態和糟糕的心情，才會讓負面的情緒支配自己。

想要改變事態，必須先改變自己的心態；想要扭轉事情的發展方向，必須先改變自己面對事情的心情。

只要你有膽識與實力，機會自然會現身，所以，請停止你的抱怨。不管背景多差，不管外在環境如何，只要自己有實力，就能找到自己想要的契機。

歐文是開計乘車的運將，這天到約克街上尋找顧客，就在紐約醫院的對面，有個穿得很體面的人從醫院的台階上走了下來，並舉手招車。

那人一上車便對他說：「拉瓜迪亞機場，謝謝。」

斯德恩心想：「機場那兒很熱鬧，往來旅客也很多，運氣好一點，還有機會再載回另一個乘客。」

這時乘客開始與他閒聊：「你喜歡這份工作嗎？」

歐文回答：「可以養家活口就好，不過，如果能找到薪水更多的工作，我就會改行。你也會吧？」

客人搖了搖頭：「即使減薪我也不會改行。」

歐文聽見有人連減薪也不願改行，好奇地問：「你的職業是什麼？」

乘客說：「我在紐約醫院工作。」

歐文很喜歡和乘客們聊天，因爲從彼此的談話之中他會有豐富的收穫，今天

當然也不例外。

他看這個人如此喜歡他的工作，想請他幫個忙。在前往機場途中，歐文說：「我可以請你幫個忙嗎？」

乘客看著歐文，卻沒有答應。

歐文繼續說：「我有個十五歲的兒子，是個很乖巧的孩子，今年夏天我們原本想讓他參加夏令營，但是他卻說要打工。因爲我不認識什麼大老闆，所以一直到現在都沒有人要僱用他。不知道您有沒有機會？沒有酬勞也行，因爲他只想累積經驗。」

乘客聽完後，仍然沒有開口，歐文這才發現自己可能做錯事了，居然對客人提出這樣的要求。

在一片安靜中，車子終於來到了機場。

下車前，乘客拿出了一張名片說：「暑期我們有一項研究計劃，也許他可以幫忙，叫他把成績單寄給我吧！」

這天晚上，歐文回到家，很開心地拿出名片，洋洋得意地說：「羅比，這個人會幫你找到工作。」

羅比看著名片上的姓名，並大聲唸了出來：「弗雷德．普魯梅，紐約醫院？這是開玩笑嗎？」

歐文把經過仔細說明，並叫羅比第二天把成績單寄去。

兩個星期之後，歐文一回到家便看見一封信，信紙上端印著「紐約醫院神經科主任弗雷德．普魯梅醫學博士」。

羅比眞的找到了暑期工作，而且每個星期還有四十元的工資，一直到暑期結束爲止。跟著普魯梅醫生在醫院裡走來走去，雖然是微不足道的事，但是當他穿著白色工作服時，總覺得自己是很重要的人。

從此，每年的夏天，羅比都會到醫院去打工，而且被分配的工作也日漸吃重，更令歐文開心的是，兒子對醫科也越來越有興趣了。

中學快畢業時，普魯梅醫生幫羅比寫了一些推薦信，最後布朗大學錄取了他，大學畢業後，羅比也正式成爲紐約醫院的醫生。

從故事中我們可以看見，積極爭取機會的人不是只有歐文，還有他的兒子。歐文的「機遇」，我們可以不必多加討論，因爲是不是有靠山並不重要，重要的是，當機會出現在你眼前時，你要怎麼利用與把握？

不如意的時候，很多人都曾抱怨：「誰叫我們沒有『有錢的老爸』，誰叫我們沒有『有力的靠山』？」

認眞想想，如果這些機會你都有了，你會怎麼過生活？

不必羨慕別人的背景與機會，因爲，每個人都會有屬於自己的機會，當機會來時，只要你能像羅比一樣，用自己的實力與努力去把握，自然能打造屬於自己的一片天。

讓自己成為「一流」的人物

不管時代或社會風尚怎麼改變，我們一定可以憑著自己的實力，超脫一切，走出正確的道路。

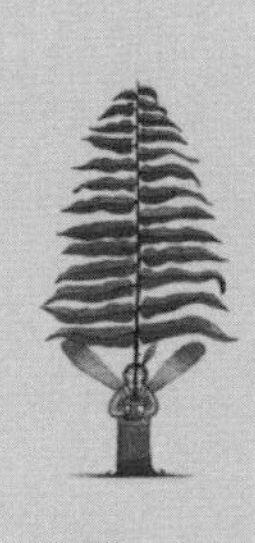

人生的過程中，徬徨、迷惘、痛苦是難以避免的，正因爲種種歷程的累積，人最終才能找到屬於自己的方向。就算身處不如己意的環境，也不能灰心絕望，而要讓心情保持晴朗。

蘇格拉底曾說：「想左右天下的人，必須先能左右自己。」

確實如此，我們也可以換個角度來解釋句話：「只要你相信自己，你想要成爲什麼樣的角色，都一定能扮演成功！」

有位學生向老師請教：「現在是標準的學歷社會，許多人經常爲自己所讀的三流大學感到灰心，而且這樣先入爲主的觀念，也深植在一般人的腦海之中，對這個情況，不知道老師有什麼看法？」

老師微笑著說：「如果，連你自己都這麼認爲的話，你當然會變成那樣囉！相反的，如果你心中認爲：『我雖然是個二流大學畢業生，但是我絕不會成爲二流的人。』只要你能這麼想，肯定可以過『一流』的生活。」

這位學生似乎不太了解，老師看出了他的困惑，便補充說：「你一定要記住，不是一流大學的畢業生，就一定會有璀璨的前途。因爲，沒有人可以搭乘特快車，提早來到成功的目的地，就像我們熟悉的社會實例，我們不是經常發現，許多領有名校畢業證書的人，最後都是庸庸碌碌地過著平淡的人生嗎？而我們不也曾經聽見，某個小學畢業的人，從小工廠的老闆一路打拼努力，最後成爲人人欽羨的成功經營者嗎？」

這位學生聽完，同意地點了點頭，但不一會，又充滿懷疑地說：「雖然，我常常聽到人們這麼勉勵我，可是我總覺得這些例子都是特殊情況。因爲大多數成功的人都是從一流大學畢業的，而且很明顯的，從一流大學畢業的人，機會比我們好！」

老師說：「沒錯，問題就在這裡。我們的社會確實存在著這樣的不公平，但是，你有沒有想過，眞正的差別在哪裡呢？其實，一流與三流之間，很多時候只差一分的成績啊！眞正的關鍵是，一流大學的畢業生一直都意識著自己是個一流大學的畢業生，所以將來一定要有光輝的前途，因爲有這種想法，他們才會讓自己成爲眞正活躍、有能力的人啊！」

最後，老師又說：「這其實就是一種『自信心』，你只需相信自己一定會成功，這就夠了！」

人只有克服自己的惰性與自卑心理，才不會使生活陷入困境；不管做什麼事，

都應該充滿信心，才能成爲第一流的人物。

拿破崙曾經在一封寫給內政部長的信件中，勉勵他說：「我們應當努力奮鬥，有所作為。這樣，我們就可以說，我們沒有虛度年華，並有可能在時間的沙灘上留下我們的足跡。」

第一流的人物並不需要第一流的背景，事實上，很多第一流人物的過去比我們都還要悲慘，只是他們不會滿腹怨言面對悲慘的過去，因爲他們知道：「怨言越多，日子會過得更辛苦！」

不管時代或社會風尚怎麼改變，我們一定可以憑著自己的實力，超脫一切，走出正確的道路，因爲，這是老天爺賦予的生命使命，也是我們在生活上唯一能做得最好的事。

給孩子們多一些肯定

教育從來都沒有公式可以套用，你花多少心思在孩子們的身上，他們便會有多少成長。

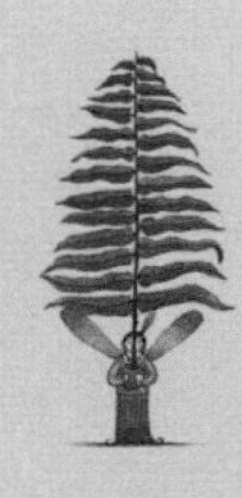

法國思想家拉羅什富科說：「人們給予理智、美麗和勇敢的讚揚，增加了它們，完善了它們，使它們做出了更大的貢獻。」

心理學家大都同意，讚揚孩子就是最好的教育方式。

教育是一切的根本，任何一個環節都不能輕忽，孩子們的生活與生命觀念也全靠家庭、學校與社會共同養成，任何環節都無權推卸責任。

拉里是少年管理所的教師，而阿爾文．漢斯則是他的學生，也是他教職生涯中最難忘的孩子。

猶記得第一天上課時，他讓學生們互相介紹、認識，這時有個學生介紹阿爾文時，並沒有使用「阿爾文．漢斯」，而是用「笨蛋」來介紹他的同學。滿身刺青的「笨蛋」卻一點也不以爲意，不過，拉里當時卻很擔心，深怕學生們在課堂上打起架來。

還好什麼事都沒發生，下課時，阿爾文冷冷地跟著人群往外走，當他經過拉里身邊的時候，卻悄悄地塞了一張紙條他。

拉里打開來看，上面寫著：「教授，希培亞說早餐很重要，如果不吃早餐，你身體會受不了。笨蛋。」

拉里與阿爾文就從這張便條紙，開始了他們的師生情誼。

阿爾文上課時相當專心，雖然他很少說話，但是學習卻相當突出，而且幾乎每天都會交給拉里一張便條紙，裡面總是寫著各式格言或生活建言。

慢慢的，拉里也很習慣這樣的互動模式，只要阿爾文一天沒有送便條，他就會覺得很失落。

學期結束了，阿爾文也順利完成了學業，拉里在授予結業證書時，握緊了阿爾文的手，說道：「能夠當你的老師是我的榮幸，很少有學生像你這樣努力、認眞，你的學習態度眞的值得讚賞。」

憨直、性情眞摯的阿爾文，激動地說：「謝謝您，您是第一位肯定我的學習態度的老師！」

聽到阿爾文這麼說，拉里心中充滿著感嘆，沒想到在「笨蛋」成長過程中，居然不曾有人鼓勵過他。

看著阿爾文送他的小便條，拉里心疼地想：「沒有人不需要鼓勵，如果多給學生一些正面、積極的肯定，肯定他們的生命價值，相信每一個學生都會做出正確的事，並能成爲社會上有用的人，不再有人誤入歧途。」

故事中的阿爾文是幸運的，因爲他遇見了拉里，而拉里給了他新的生命價值與肯定，讓他看見了人生的希望，與正確的人生方向。

教育原本就不是件簡單輕鬆的事，沒有人可以輕忽，也沒有人能寄託於別人，因爲，教育不只是狹礙的書本教育，還包括了身教與言教，包含了你我人生態度的潛移默化。

教育從來都沒有公式可以套用，你花多少心思在孩子們的身上，他們便會有多少成長，他們無法預料遇見「拉里」的時候，但是只要你願意，現在我們就可以成爲孩子們的「拉里」。

經驗，必須實地檢驗

別急著駁斥老人家的話，聽一聽他們在說些什麼，因為那些經驗是他們用生命和時間換來的，對我們來說絕對有好無壞。

波斯詩人薩迪曾經寫道：「旅人沒有常識，如同飛鳥沒有羽翼；理論家沒有實踐，如同樹林沒有果實。」

別人所說的任何經驗，都必須經過實踐才能檢驗。

不必一味地聽命於老人所言，但是也不能完全否定老人家的經驗，畢竟那是他們花了大半人生獲得的成功與失敗的經驗，他們積極分享的目的，就是希望我們不要重蹈覆轍。

臨行前，瑞爾丁的舅舅來送他，並告訴他一些旅行的經驗：「上車後，你就選一個位置坐下，不要東張西望，火車開動後，如果有兩個穿制服的男人順著通道來問你話，千萬別理他們，因爲他們多數是個騙子。」

「是的，舅舅。」瑞爾丁點了點頭。

老舅舅又說：「走不到二十里，要是有一個和顏悅色的青年來到你面前，要敬你一根煙，千萬要拒絕，因爲那多數是大痲煙。」

「是的。」瑞爾丁照例點了點頭。

舅舅似乎有說不完的叮嚀：「到餐車時，如果你遇見一個漂亮的年輕女子故意和你相撞，千萬要小心，因爲她一定想用美人計騙你。」

「喔！」瑞爾丁開始有點不耐煩了。

舅舅提高聲音：「你要聽清楚啊！當你進去用餐時，還要小心那些美貌的女子，因爲她們會找你同桌，然後再騙你一回，如果她們想逗你說話，千萬要裝聾作啞。當你回到車廂，經過吸煙間，如果有人正在玩牌，而且是三個中年人請你加入，你就要跟他們說：『我不會說美國話。』知道嗎？」

「是的，舅舅。」瑞爾丁又點了點頭。

說完後，舅舅認眞地說：「這是我的豐富經驗，以上絕對不是我無中生有，小心上路吧！」

「是的，舅舅，謝謝您！」瑞爾丁向舅舅鞠躬道別。

坐上車後，果眞遇見了兩個穿制服的人，但是他們不是騙子，因爲證件證明了他們的清白，至於帶大麻的青年，一直都沒有出現，更別提什麼漂亮的女孩了，連個像樣的美女他都無緣看見。

至於吸煙間，連一張牌子都沒有，更何況是中年男子？

第一晚瑞爾丁安安穩穩地睡了一覺。

第二天，他順著舅舅的經驗，自己經歷了一次。

只見他請了一個年輕人抽煙，那個人非常開心地接受了；來到餐車裡，他也故意挑了一張有年輕女孩的位置。

而吸煙間裡，玩牌的發起人最後卻是瑞爾丁。

一路上，瑞爾丁不僅認識了車上許多旅客，而且每個人都很喜歡他，他甚至還和接受煙捲的青年，找來兩位女學生共組一個四部合唱團，在車上天天歌唱表演，深獲旅客們的好評。

「啊！這眞是相當美好的一趟旅程！」這趟旅程對瑞爾丁來說，實在非常充實、愉快。

瑞爾丁從紐約回來後，舅舅又來看他了，一見面舅舅便問：「我看得出來，你一路都沒有出岔，看來，你一定依我的話去做，是吧？」

「是的，舅舅！」瑞爾丁笑著回答。

只見舅舅帶著滿意的笑容，自言自語地：「太好了，總算有人因爲我的經驗而獲得利益。」

雖然老人家說的話不一定完全正確，但是，多聽老人言一定不吃虧，就像瑞

爾丁一樣，只要稍微轉幾個彎，一樣可以從他們的豐富經驗中，爲自己創造不凡的生活。

聰明的瑞爾丁把舅舅的話聽進去，但是，他並沒有因此變得提心吊膽，反而以輕鬆的態度，去印證老舅舅的經歷，還拿出舅舅的經歷與人們分享，不僅炒熱了旅人之間的情感，更豐富了自己的生命。

這是瑞爾丁聽了老人家的話之後獲得的好處，那你呢？

別急著駁斥老人家的話，靜下心，聽一聽他們在說些什麼，因爲那些經驗是他們用生命和時間換來的，對我們來說絕對有好無壞。

沒有貪念
就不會受騙

天下沒有白吃午餐，
以為佔盡了對方便宜的人，
最後卻經常發現，
自己竟然損失更多。

學會放下，活在當下

只要我們能把握住「當下」，那麼我們便已同時掌握住了昨日、今天與明天。

《魯賓遜漂流記》作者笛福曾經寫過這麼一句話，値得我們深思：「當你將手掌緊握，充其量只能擁有自己能握到的空氣；當你將手掌打開，你就能夠擁有全世界的空氣。」

因爲不懂得放下，不懂得活在當下，我們總是懊悔著昨日，眺望著明日，讓近在身邊的幸福快樂和自己擦身而過。

其實，我們不必爲錯過的太陽而哭泣，因爲已逝的過去肯定無法挽回，我們

只需牢牢把握住現在。

或許此刻已是夕陽西落，但別忘了明天朝陽，很快地便會重升，只要我們能緊緊地握住此刻，即使夕陽已落，那落日的餘暉仍然會長存心中。

有位哲學家在造訪古羅馬城時，在一座廢墟裡發現了一尊雙面神。

然而，這位被喻爲學貫古今的哲學家，面對著這尊神像，卻怎麼想也想不起來，祂具有什麼樣的代表性或特殊性。

於是，他忍不住上前，向這個怪異的雙面神請教：「請問神明，您爲什麼一顆頭會有兩個面孔呢？」

只見雙面神正對著哲學家的這面說道：「因爲，我這樣才能一面查看過去，以記取教訓，同時也一面瞻望未來，給人無限憧憬。」

哲學家聽完後，卻不解地問：「爲什麼只看過去和未來呢？你爲何不注視最有意義的現在？」

雙面神一聽，兩面皆茫然地叨唸著：「現在？」

哲學家發現雙面神似乎不解，於是他解釋道：「就是現在！其實，過去是現在的逝去，而未來則是現在的延續，你既然無視於現在，那麼你對過去瞭若指掌，對未來也能洞察先機，又有什麼意義呢？」

雙面神聽完哲學家的說明，竟忽然號啕大哭起來，哽咽地說：「原來，原來是我沒有把握住現在，以致於羅馬城才會被敵人攻陷啊！因爲我錯誤的態度，讓人們再也不相信我，而將我獨自丟棄在這個廢墟中啊！」

雙面神爲了能查看著昨日，刻意地增添了另一個觀望昨日的面孔，而爲了能滿足人們預知的慾望，以便及早發現明天將會發生的事，讓另一面只專注於明天。直到哲學家當頭棒喝地提醒：「當下呢？」才醒悟過來。

那你的「當下」呢？

你是否也像雙面神一般，浪費了許多時間在懊悔昨日之非，更浪費了過多的

「此刻」尋找明天的預言呢？

「活在當下」的意義，其實不只有今天而已，所謂的「當下」其實包含了已逝的昨日，更包含了即將到來的明天。只要我們能把握住「當下」，那麼我們便已同時掌握住了昨日、今天與明天。

作家斯特恩曾經寫道：「痛苦與歡樂就像光明與黑暗互相交替，只有知道怎樣使自己適應它們，跟它們和平共處的人，才懂得怎樣生活。」

每個人的生命歷程都會有幸福時光，也必定會有痛苦時刻，願意調整自己的心情，理智地面對一切的人，才能擁有眞正的幸福。如果老是用壞心情看待事情，行爲便失去自主權，最後只能無奈地受命運的宰割和擺佈。

生命的意義並不在於長短，而在於我們怎麼利用它。許多人活的日子並不多，卻活了很長久，活得幸福充實，因爲，這些人懂得活在當下，懂得讓自己在最短暫的歲月當中，活出最美麗璀燦的人生。

愛物惜物，才能累積財富

財富是靠累積的，因為累積十分辛苦，我們都能發現，那些所謂的有錢人愛物惜物的態度，經常比你我有過之而無不及。

美國沃爾瑪集團在全球性金融風暴中逆勢成長，羨煞了不少企業和民眾。沃爾瑪的成長來自正確的財富觀念，它的創辦人薩姆．沃爾頓曾經回憶說：「從小，我就知道要用自己的雙手掙取一塊美元有多麼辛苦了，因此，我一直遵守父母親的教誨，特別是金錢觀，那便是：『一毛錢也不隨便亂花！』我也知道，這是累積財富最基本的觀念。」

財富從來都不會從天下掉下來，所謂的意外之財，也始終都讓人擁有得心虛，

畢竟多數的意外財來得快也去得快；只要並非一塊錢一塊錢所累積出來的財富，最後都將在慾望的伴隨下，快速地消失。

薩姆是出了名的節儉富翁，擁有億萬家產的他，卻只有一輛老舊的貨車代步，頭上戴的也只是印有沃爾瑪標誌的便宜棒球帽，從小到大只在街角的理髮店理髮，他也只在自家的折扣百貨店購買日常用品；公務外出，他也會儘量與人共住一房……

人們無法理解他爲何如此節儉，但是，薩姆卻說：「這有什麼好奇怪的，我從小到大都如此啊！」

原來，薩姆出生在美國中部小鎮的一戶普通農家，由於成長時期正巧遇上經濟蕭條期，因而讓他培養出努力工作和節儉的生活態度。

沃爾瑪公司裡的一位經理便這麼說：「我們就是這樣長大的，所以，當地上有一枚被遺棄的銅板，也許沒有多少人會去把它撿起來。但是我會，而且我打賭薩姆也會。」

正因爲從小便體會到每一分錢的價值，所以這位經理與沃爾瑪都深知，每一分錢都是辛苦賺來的，也因此始終保持簡樸的生活。

主張「生活減擔」的薩姆也說：「雖然我不希望我的孩子們將來必須刻苦到打工賺取學費，但是，如果他們有任何奢侈的生活心態，那麼就算我死了，也要從地下爬出來教訓他們。」

其實，不只是家庭教育上，連員工的基本生活教育他也堅持以身作則，他的目的是：「要讓每個人都明白勤儉的好處。」

有一次，他派一位員工去租車，但是很快地，薩姆又叫他將車子退租，原因是：「這車子太大了，我只租小車。」後來，員工也明白了薩姆的用意，原來他不願讓人看見他所使用的公務車竟比員工要好。薩姆出差洽商，選擇旅館時，標準也與員工們一樣，甚至他還會與員工們同房。

曾經有人問他搭機的感覺時，他竟說：「我只搭過一次頭等艙，那次是因爲時間太趕，又只剩下頭等艙的位子，秘書不得已只好幫我買了。」

當他連續兩年名列全美首富時，他對記者講的第一句話是：「這玩笑實在開

得太大了，我怎麼會是最有錢的人呢？」

聽見薩姆說，他是非不得已才搭頭等艙的時候，也許有很多人會不以爲然地說：「那叫小器、摳門！」

你眞的認爲他只是個守財奴嗎？或者，同樣辛苦賺取一分一毫的你，其實十分理解薩姆的金錢態度呢？

因爲財富是靠累積的，也因爲一塊錢一塊錢的累積十分辛苦，我們確實都能發現，那些所謂的有錢人愛物惜物的態度，經常比你我有過之而無不及。我們不是無法累積財富，而是因爲我們太放縱自己，經常輕易地讓難得的財富一點一點地流逝而不自知。

愛物惜物，才能累積精神與物質財富。珍惜生活中値得珍惜的一切，這樣的表現或許會被某些不懂生命意義的人批評爲「吝嗇」，但是只要自己的心靈感到富足，又何必在意別人的眼光？

沒有貪念就不會受騙

天下沒有白吃午餐，以為佔盡了對方便宜的人，最後卻經常發現，自己竟然損失更多。

如果不想老是被詐騙，那麼我們便要懂得釣魚的哲學，那便是「魚」與「餌」的關係；我們不想受魚餌的誘惑，那麼我們就要學會放下，克制貪求的心，克制老想佔人便宜的貪婪之心。

只要我們選擇過心安理得的生活，心裡沒有多餘的貪念，那麼無論人們怎麼引誘，賠了夫人又折兵的慘況就不會發生在我們身上。

十三歲的古德和父親正在芝加哥的街上漫步，當他們經過名爲「德魯比克兄弟」的服裝店時，門口正站著一位笑容可掬的男子。

男子一見到古德他們，立刻向他父親伸出手來，並大聲嚷道：「先生，請進，歡迎光臨本店！我們有一套非常漂亮的服裝，若能穿在您的身上，實在再好也不過了，今天本店大減價，您千萬別錯過啊！」

古德的父親搖了搖頭，說：「不，謝謝。」

父親拒絕後，和兒子便接著繼續前進。

這時，好奇的古德回頭看了那個店門口的男子一眼，卻見那位能說善道的推銷員又纏住了另一個人。

只見他緊緊地捉住一位過客的手，並積極地指著窗口的一件藍色條紋套裝，不一會兒，男子便被帶進了店鋪。

這時，古德的父親搖著頭，說道：「這對德魯比克兄弟眞是厲害，他們靠著

『裝聾』，便賺足了三個孩子上大學的學費。」

古德不解地問：「裝聾？裝聾也能賺錢嗎？」

父親笑著說：「是啊，但是那也只有他們做得出來。」

原來，他們兩兄弟的哥哥先把顧客哄騙進店後，便開始勸說客人們試穿新裝，接著他讓客人在鏡子面前仔細端詳，並不住地奉承讚美客人。

他們以甜美的語言慢慢地打開了顧客的心防，直到客人問道：「這套衣服要多少錢？」

德魯比克哥哥這時會把手放在耳朵上，反問了一次：「你說什麼？」

客人便又高聲地說了一遍：「這套衣服要多少錢！」

這時，哥哥會說：「喔，價格啊！你等等，我問問老闆看看！」

於是，他會轉身向坐在寫字台後的弟弟大聲問：「德魯比克先生，這套羊毛服裝要多少錢？」

而弟弟扮演的「老闆」這時便會站起來看了看顧客，接著答道：「那套啊！七十二美元！」

這時，哥哥會故意地問：「多少錢？」

「七十二美元啦！」老闆加大了音量回應。

哥哥這才笑著轉身，並對著客人說：「先生，一共是四十二美元！」

每位顧客一聽到這樣的價差，無不認爲自己走運，在貪小便宜的心態作用下，他們幾乎立即掏出錢買下，接著便溜之大吉！

但是，他們買到的價格其實是原來訂價，一點也沒有佔到便宜。

父親最後說：「當然，這種騙局也算是一個願打、一個願挨，所以，孩子，凡事可要張大眼睛看仔細啊！不要被他人的偽裝蒙蔽了。」

古德點了點頭，說：「我會的，爸爸！」

十分有趣的小案例，在醜惡且貪婪的人性表現中，我們不也時常看見那些自以爲佔了便宜的人，最終全被人反將一軍？這樣的畫面十分滑稽，卻得不到人們的同情。

現實生活中屢見不鮮的詐騙案件，不少手法與貪念其實與這則故事不謀而合，不是嗎？

放下貪念，就不會受騙！

天下沒有白吃午餐，以爲佔盡了對方便宜的人，最後卻經常發現，自己竟然損失更多，只因一時的貪念興起，一時的慾望貪求，最終反而讓自己掉入貪婪的深淵，甚至溺斃。

聽聽古德父親的教訓，那不僅適用於小古德，更加適用於老是想佔人便宜的人。讓自己的心思簡單一點吧！別想佔別人便宜，少一點貪婪的念頭，我們必定能獲得更多！

有多少能力便享受多少樂趣

聰明的人懂得依自己的能力過生活，不要用華貴的外衣來包裝空洞的內裡，因為那騙得了別人，卻騙不了自己。

不管經濟多麼拮据，不管生活多麼忙碌，只要我們能放下心中不必要的慾念，隨時都可以用愉悅的心情展開自己的快樂人生。

有多少能力，就享受多少樂趣。

不要讓生活透支，也不要過度放縱自己的享樂慾望，人生很長，我們要聰明地分配快樂的能量，有多少能力便享受多少樂趣。

外表華麗不代表能力滿分，浮華不實的金錢態度，只會讓自己陷入痛苦的金錢遊戲之中！

查爾斯正與看起來十分富裕的麥賽福聊天，育有三個孩子的麥賽福，不僅婚姻幸福，三個孩子的表現也是人人誇讚。

兩個許久未見的老朋友，從過去聊到現在，原本討論得十分開心，但是，就在查爾斯問到麥賽福的現況時，麥賽福的臉色忽然沉了下來。

查爾斯以爲自己問錯話了，連忙向他道歉：「對不起，如果你不想談的話，就不必回答。」

麥賽福苦笑著說：「唉，我也不知道要從何說起。」

查爾斯安慰著朋友說：「放心，沒有什麼解決不了的事。」

麥賽福嘆了口氣並搖了搖頭說：「我只是沒有想到，我們家也會有入不敷出的時候。我現在才知道，原來我們家每個月的支出竟然那麼大，像是每個月得參與的高爾夫俱樂部聚餐，孩子們私校的學費，以及家中其他各項雜物上的支出等等，這些開銷壓得我快喘不過氣來了。」

查爾斯一聽，立即對朋友說：「重新規劃你的生活支出吧！」

麥賽福點了點頭說：「我很想啊，但是，只要一想到每個月都有三千美元的缺口，我就睡不著覺了，而且每到月中我的薪水就已經用光了。」

查爾斯又問：「那接下來的日子，你們要怎麼渡過？」

麥賽福滿臉無奈地說：「先用信用卡付帳啊，不然怎麼辦？」

只見麥賽福說完話後，再次拿起了手上的雪茄，深深地吸了一口。

原來，麥賽福很早就瀕臨破產邊緣了，但是，他過去的嗜好與消費習慣卻一直都沒有改變，過慣了舒服、享受的生活方式，他們一家人確實有許多放不下的東西。

查爾斯幫他們計算過了，如果他們再不放棄一些不必要的支出，就算他們一家人工作到死，也無法還清積欠的債務！

所謂由奢入儉難，正巧可以對照麥賽福家的情況，因爲面子問題，讓麥賽福

仍然想用華麗的外表來麻醉即將破產的事實。

但如此一來，反而讓自己落入了更深的負債之中，還進一步讓家人們深陷貧困的泥沼，拖累自己也拖累家人。

聰明的人懂得依自己的能力過生活，更懂得依當下的情況來調節自己的消費支出，他們知道，生活不能踰越「過」與「不及」，一旦在這兩個原則之間有了太過的情況，都將讓自己的生活掉入不正常的狀況，讓原本可以享受快意生活的美夢，因爲自己的錯走一步，轉變成連連惡夢。

放下吧！不要用華貴的外衣來包裝空洞的內裡，因爲那騙得了別人，卻騙不了自己，回到自己的世界，我們始終得面對生活上的失落感，更得獨自承擔經濟困窘的事實。

明白其中的道理，我們便能從別人一天只花固定錢的堅持中，相信自己也能如此堅持，我們不必爲了擺闊，而故意增加消費，因爲你眞的可以大方地對人們說：「對不起，我目前經濟不佳，我今天只能花這些錢。」

然後，你便能從頭開始，慢慢地累積出你所夢想的財富。

別把時間浪費在金錢上

簡單生活，簡樸打扮，才能活得充實快樂，因為我們沒有太多的時間浪費在奢侈浮華上。

蘇聯作家愛倫堡曾經說過這麼一段話：「對一個人來說，日子過得快不快活，不在於他的家世、他的膚色、他的財富，或是他擁有什麼權力和地位，而是他用什麼心情面對自己的人生。」

對你來說，身穿名牌精品最重要，還是在工作上擁有快樂最重要？

一餐上千元的牛排，與一頓幾十塊便能飽足的簡餐，對你來說，哪一個才能滿足你的口腹之慾？

生活上有太多取捨，什麼該捨，什麼才是我們應當努力爭取的，全有賴聰明的你仔細評估。

卡文迪斯是英國著名的科學家，在他去世六十年後，劍橋大學爲了紀念這位偉大的科學家，特別花費了三萬英鎊，建造一座世界著名的卡文迪斯實驗室。當人們回顧大師的一生時，他們發現，卡文迪斯生前也曾有過一段貧困的日子，只是這段艱苦的生活並不長，因爲幸運之神在他吃了幾天苦頭之後，便將好運氣送來給他。

那是在一個寒冷冬天的午後，就在卡文迪斯門前，忽然出現了一輛豪華馬車，車上忽然跳下來一位紳士，對他說：「我是倫敦銀行的人，這張一千萬英磅的支票是您的！」

卡文迪斯忽然收到這張支票，非常吃驚，呆立在門口好長一段時間，直到銀行經理解說完畢坐上馬車後，這才回過神來仔細端詳手中的支票。

原來，這筆鉅款是卡文迪斯的姑母送給他的，這也讓他一夕間便成了千萬富翁。只是一向討厭銅臭的卡文迪斯，面對這筆從天而降的鉅款一點也不開心。

他考慮了很久，最後決定：「嗯，這些錢足夠讓我建造一座擁有一流設備的實驗室。」

一想到實驗室，卡文迪斯立刻精神了起來，也立即積極規劃實驗室的設計。很快地，卡文迪斯的個人實驗室終於完成了，至於剩下的錢，他原封不動地存入銀行，從此再也不聞不問。

每天樂在實驗工作中的他，雖然是當時英格蘭銀行的大戶，但是他的衣著一如往昔，鈕子掉了仍然補了又補，簡樸的生活也從未改變。有一回，他準備前往皇家學院面談時，竟然穿了一件被硫酸燒出一個大洞的襯衫去，一身簡陋的模樣，還一度被學院的職員誤認是流浪漢呢！

被阻在門外的卡文迪斯，直到他將通知單遞出後，職員這才知道，原來眼前站的是著名的科學家卡文迪斯。

其實，卡文迪斯不僅外在簡樸，就連吃也很節省。

有一回，他在家宴請其他科學家時，僕人對他說：「先生，五個人只準備一隻羊腿似乎不太夠。」

沒想到卡文迪斯一聽，只淡淡地說：「是嗎？那就準備兩隻吧！」

對此，曾經有人問他：「你把錢全部放在銀行不用，自己卻過得這麼寒酸，太不合生活邏輯了吧！」

卡文迪斯不以爲然地說：「是嗎？我不覺得啊！我認爲身爲一個科學家，應當把時間多用於科學上，而不是用在金錢消費中。」

因爲心中的目標不同，也因爲珍視的價值不同，所以卡文迪斯的生活才會如此與衆不同。

對卡文迪斯來說，太過在意生活上的繁瑣小事實在沒有必要，因爲那實在很浪費時間。對他來說，所有關於科學的範疇才是他生活的重心，也才是值得耗費時間的珍寶，所以他才會如此堅持：「身爲一個科學家，生活裡除了科學，還是科學！」

這個論點其實也普遍表現在許多成就不凡的名人身上，他們在自己的發展領域中，幾乎可以用「沉迷」兩個字來形容。

無論是沉迷在科學探究、創意研發，還是在醫學研究中，他們所現出來的生活態度，和卡文迪斯是一模一樣的：「簡單生活，簡樸打扮，因爲我們沒有太多的時間浪費在奢侈浮華上！」

從中，我們也歸結出一項簡單而成功的生活定律：「經常投入工作中而廢寢忘食的人，對於物質的享受總是嗤之以鼻，但是他們卻十分在意是否能從工作中獲得樂趣，因為對他們來說，生活上最值得的投資與消費，只有生活能否充實快樂！」

我們要追求的就是那一點價值

無論在什麼樣環境底下，最崇高的價值都在於不計功勞的付出中展現的無私。

人們眞正需要的不是財富，也不是名聲，而是身爲人的無形價值。

建立起這份無形價值的依據是：「一份不自覺的謙遜表現，一份無私的分享意願，以及人們從中產生的感動與敬意。」

然後，一個人眞正的價值由此而生。

雖然，X射線是物理學家倫琴最先發現的，但是倫琴卻從來都不把這項偉大的發現獨佔。

謙虛的倫琴在發現X射線時便說：「對於這個射線的性質，我還不太清楚，所以暫時取名爲X射線。」

在暫定名稱確定後，嚴謹且愼重的倫琴又花了近一個月的時間，確認並實驗這個發現，之後他才把早已完成的《新射線的初步報告》論文，及手上的照片一起寄出。

發現一公佈後，很快地便引起科學界的注意與討論，無論是祝賀信或質疑的信，每天都從世界各地寄送給他，前來實驗室的訪客更是絡繹不絕。

直到有位醫師利用「X射線」，準確地顯示出人體內的斷骨位置後，「X射線」熱潮也正式沸揚。有一天，倫琴還收到一封信，上面寫著：「請寄給我一份X射線和使用說明書。」

像這類令人啼笑皆非的索取信很多，而幽默的他總是這麼回應：「對不起，目前我手上沒有X射線的存貨，而且，郵寄X射線是一件十分麻煩且危險的事情，因此我無法答應您。」

自從X射線發表之後，倫琴也不斷地榮獲各種科學獎項，但是他似乎對於這些榮譽一點也不在意，他曾經謝絕了普魯士皇室封爵的榮譽，更拒絕在名字上多加一個貴族表徵的封號。

他說：「致力於科學研究與發現是我應盡的本份，更是我的人生目標，那些過高的獎勵與恭維，對我來說是一種恥辱。」

謙虛的倫琴也是個深具使命感的科學家，曾經有廠商想以極高的價碼，向倫琴爭取生產X射線機的專利，但倫琴卻一口回絕：「我認爲，科學家的發明和發現都是屬於全人類的，沒有人可以獨佔其中的好處。」

正因爲這份正義與使命感的堅持，讓X射線機很快地能普及全世界的醫院，並救回許多垂死的生命。

現代人不只愛斤斤計較，甚至還會以利害來區分彼此間的關係。如果每個人

都不願放下自私自利的念頭，吝於付出和分享，如何能得到別人的幫助？又怎能獲得分享的喜悅呢？

倫琴的幽默與謙虛，確實令人激賞，在這個追求功名利祿的社會中，倫琴的謙遜與淡泊，帶來了一個讓人深省的啓發。

對倫琴來說，他不願獨佔這份功勞，因爲能讓他發現這項科學奧秘便已足夠了，往後這個發現能否繼續發揚光大，那又是後人的責任與榮耀了。

所以，這位偉大的科學家願意與人分享，心胸寬廣地說：「這是屬於全人類的發現，不是我倫琴一個人的！」

「從謙卑中見偉大」這句話不僅適用於科技領域中，更適用於沒沒無聞的你我身上，因爲無論在什麼樣環境底下，最崇高的價值都在於不計功勞的付出中展現的無私。

心靈富足才是真正的財富

沉溺於功名利祿中的人，不僅會失去自己的價值，最終還會迷失在財富的追逐中。

精神上的滿足是看不見的，我們無法用物質來塡充精神上的缺口；心靈上的滿足也是看不見的，但是，我們卻需要無形關懷，安撫受傷的心靈。聰明的人會讓精神得到充分的滿足，因爲他們知道那不是金錢財富所能比擬的，因爲充實的感覺，我們都將讓人生得到眞正的快樂與富足。

三十三歲時，日後成爲鋼鐵大王的安德魯．卡內基，在日記上寫著：「對金錢執迷的人，是品格卑賤的人，如果我老想著追求賺錢之事，終有一天必將墮落。所以，我設定，每當我到達某個財富目標時，便要將之回饋給社會，那麼我就不會迷失。」

六十歲時的卡內基已經是個成功名人，功成名就的他，決定要退出商場去養老，並在晚年期間，多做些自己長久以來一直想完成的事——致力於慈善工作，與維護世界和平的夢想。

於是，他在《財富的福音》一書中宣佈這個消息：「我要退休了，不再在商場上爭奪了！」

當年，他毅然退出正值蓬勃發展的鋼鐵事業，以五億美元的價格，將卡內基鋼鐵公司賣給了金融大王摩根，從此他帶著累積多年的財富，開始投身他構思許久的偉大計劃。

他退休後的第一年，先贈與五百萬美元給煉鋼工會，協助他們設立救濟與養老基金的成立，這正是向所有工人們表示他的感謝，接著，他又撥了一筆鉅款來協助貧困家境卻仍力爭上游的年輕人。

第二年，他捐款二千五百萬美元，用以發展科學、文學和美術等等。

同年，他還在匹茲堡創了「卡內基大學」，接著分別在英美等地捐資，創辦了許多學校與教育機構。

在隨後的幾年期間，他又分別成立了許多基金會，像是「捨己救人基金會」、「大學教授退休基金會」以及「作家基金會」等等，總之，已經半百年紀的他，在鼓勵拔擢人才的同時，也不忘照顧與他同年卻晚境不佳的人。

最後，他拿出了一千萬美元，以無國界的共享與攜手回饋爲宗旨，成立了「卡內基國際和平財團」，專門資助一些致力於世界和平的奉獻者。

這是卡內基的人生，也是估量他的生命價值的依據。

不過，仔細評估之後，我們也發現，卡內基晚年所投資的無形財富，確實比他有形財富更顯珍貴無價。

生命的價值到底要如何評量，有人從個人成就中評定，也有人以心中滿足的程度來界定，那你呢？

當你也擁有卡內基一般的人生境遇時，你會以事業的成功或財富來表現人生的價值，還是像晚年的卡內基一般，堅持除了物質與功名之外，我們還有更多可以爭取的「財富」，關於關懷世人、珍愛世界的無私奉獻？

地球是圓的，人際關係也是圓的。只要我們願意伸出手，牽起身邊需要關心的陌生人，我們也將串連起人人渴求的祥和與幸福。

這正是深具遠見的卡內基在而立之年時所領悟的：「沉溺於功名利祿中的人，不僅會失去自己的價值，最終還會迷失在財富的追逐中。所以，我們都要看淡財富的享樂慾望，明白因為分享而獲得的精神滿足！」

給自己一個正確的理財觀念

理財的目的與水庫儲水一樣，都要有量入為出與儲蓄節省的觀念，懂得預留備胎的人，遇到突發狀況，始終都能安然渡過。

仔細算算你曾擁有的手機有多少款？再仔細算算你的衣櫥裡，有多少衣物只穿一次便無法再見天日？

每個人都有許多慾望，但有些慾望是多餘的，必須學會放下。希望擁有財富享受人生的人，除了要能辨別哪些東西是不需要的之外，最重要的是，要懂得克制自己的消費慾望。

肯尼坐上了一輛出租的計程車，司機問了目的地後，又看了一眼肯尼上車前放進車箱中的一個盒子。

司機好奇地問他：「年輕人，你盒子裡裝了什麼東西啊？」

肯尼忍不住抱起了盒子，開心地說：「音響！」

司機懷疑地問：「是嗎？那你花了多少錢買的？」

肯尼聽見司機用如此不屑的口氣，原本喜悅的情緒有些消失，他回應道：「約四十美元。」

司機一聽，立即發出更瞧不起人的口氣：「喔！四十美元啊！」

肯尼想到自己好不容易擁有的小音響，忽然被人用這般口氣否定，心中十分不悅，他想：「我開心最重要，沒有人可以破壞我的購物情緒。」

於是，他反問司機：「那你認爲我該買什麼樣的音響才對呢？」

計乘車司機聽見肯尼這麼問，似乎正中他的下懷，於是用著專業的口吻說：

「嗯，我認爲，你應該買像我車上的這個音響系統……」

沒想到司機話匣子一開便停不了了，一路不僅介紹車上的音響，還詳細地介紹他家中的高級音響設施與選購過程等等，而肯尼也乖乖地坐在車上，靜靜地聽著司機約二十分鐘的吹嘘。

司機一路講了許多專業術語，但是當肯尼問他：「你買了那麼好的音響設備，但是你能把音量調得很大嗎？那不會影響鄰居嗎？」

只見司機驕傲地回答說：「我是個有水準的人，當然不會影響到鄰居們，我在屋裡做了很嚴密的隔音處理，如此一來，不管我的音響開得多大聲都不會影響到任何人。」

忽然，車子停了下來，原來目的地到達了。

就在這個時候，準備下車的肯尼問了司機一個問題：「我想問一下，你那套音響要多少錢？」

司機很大聲地說：「那不便宜喔！大約要一萬九千美元。」

肯尼又問：「哇，果眞不便宜，那你打算花多久的時間租這車子呢？」

司機一聽，聲音忽然降低了下來，答道：「可能會一直開下去吧！我沒有錢投資買車，而且目前存的錢還不夠養老。」

翻開記帳本，仔細研究其中支出的明細，有多少人能微笑著說「我這個月沒有透支」或「我不必再將存款轉帳給信用卡公司」？

在現實生活中，確實有許多人都像故事中的司機一般，爲了滿足虛榮心而過著奢華的享受。他們堅持著人生就是要即時行樂的態度，即使明知未來堪慮，但在慾望的誘引之下，仍然樂於當「月光」族的一員。

每個月的生活費都透支，你眞的快樂嗎？

當信用卡又刷爆了，下個月的帳單又再累積了一筆無法支付的龐大數字時，有多少人不會發出懊悔聲？

生活不是只有一天，財富也不是每天都會累積，理財的目的與水庫儲水的意義一樣，都要有量入爲出與儲蓄節省的觀念。懂得預留備胎的人，萬一遇到突發狀況或金融海嘯，才能安然渡過。

你不害怕自己的未來景象，只剩一間空房子和一部老舊的音響嗎？

人生是串連的，不只僅有當下，如果你過去沒有好好糾正自己的理財觀念，那麼不妨從現在重新開始。

如果你自知是個自制力不夠的人，那麼請把成堆的信用卡剪掉一些，把現金卡全部丟掉，然後每天約束自己的花費。

慢慢地你將發現，原來債務減少的感覺，不只是生活和心理的壓力減少而已，還看見了自己的未來，將是一派輕鬆地坐在搖椅上，安詳且快樂地享受生活的景象。

不要被過多的期望牽絆

簡單果決地掌握住自己的需要，
並確實地將精神集中在一個目標上，
然後我們才能慢慢地讓心中
每一個夢想都達到高峰。

不違法理，堅持自己的原則

待人處世要能站穩腳跟，凡事更要謹守既定的法理原則，才不會落人口實，也才能坦蕩前進，贏得更多的支持。

古羅馬思想家西塞羅曾經寫道：「人拋棄理智，就要受感情的支配，脆弱的感情氾濫到不可收拾，就像一艘船不小心駛入深海，找不著停泊處。」

無論面對什麼事，都不要用情感來做決定，「法理情」才是解決問題的最方法，只要能站穩法理的基本規則，人性情感自然能得到呵護、關照。

因爲，在關鍵時候還能堅持原則的人，多數能捉住問題的核心，並能迅速將問題解決，這不僅是判斷一個人處事能力的重要依據，更是發現其道德水準的重

要根據。

美國前總統喬治·布希是個謹守原則的人，只要他堅持一就是一，沒有任何商量的餘地。

一九八一年，當時身爲副總統的布希正準備飛往外地。然而，就在出發不久後，他突然接到國務卿海格從華盛頓打來的電話：「出事了，請你儘快返回華盛頓。」

緊接著又過了幾分鐘，傳來一封密電，竟是雷根總統中彈的消息，同時也通知他，總統正在華盛頓大學醫院的手術室裡急救。

飛機立即調頭飛往華盛頓，在安德魯斯著陸前四十五分鐘，機上的副官約翰·馬西尼中校來到前艙，準備降落。

就在飛機緩緩下滑時，中校突然對副總統說：「如果我們按照常規，在安德魯斯降落後得再換乘海軍陸戰隊的直升機，然後再飛到副總統住所附近的停機坪，接著才能駕車前往白宮。這恐怕要浪費許多時間，不如我們直接飛往白宮，您認爲如何？」

布希聽完中校的報告與建議，考慮了一下，仍堅持按照常規行事。

中校聽見副總統仍然要依照原來行程，忍不住又提醒：「但我們到達時，市區正值交通高峰期，街道上的交通肯定會很擁擠，那恐怕會多耽誤十到十五分鐘的時間。」

沒想到，了解情況後的布希，仍然堅持著：「也許會這樣，但我們仍然必須堅守規則。」

馬西尼中校點了點頭說：「是的，先生。」

布希發現馬西尼中校似乎困惑不解，於是他解釋說：「約翰中校，只有總統才能在白宮的南草坪上著陸啊！」

原來，身爲副手的布希堅持著這麼一條原則：「美國只有一個總統，而副總統不是總統。」

而中校也聽明白了，原來布希堅持的，是總統與副總統之間的互信基礎與相

互尊重的禮儀，這也正是布希成功的重要原因。

堅持不等於固執，而「堅持原則」最重要的意義，就像布希副總統所表現出來的：「絕不踰越法理常規，更不能為了打破常規而找尋藉口，凡事都要合乎法理，即使情況再特殊，我們都應謹守自己的本份。」

看著布希副總統的堅持，相信有許多人看了都不禁要感到慚愧吧？反省自己，一件件爲了飽足私利的投機取巧，一個個爲了鑽漏洞所推出的藉口，然後我們也發現了，一次又一次地挫敗的事實，從中我們也再次領悟了「凡事要問心無愧謹守本分」的重要性。

從故事中，我們再次想起了長輩們耳提面命的：「待人處世要能站穩腳跟，凡事更要謹守既定的法理原則，如此一來，我們才不會落人口實，也才能坦蕩前進，贏得更多的支持。」

減輕心靈負擔，才能享受人生

不要索求太多東西，因為我們擁有的已經夠多了，只要你能充分應用，即使只有一根木棒也能讓我們創造不朽的將來。

歐洲有句諺語說：「一切都抓住，一切都失去。」

其實，在日常生活，不應該追求一切物質的享樂，應該只追求心靈的快樂，也就是說我們必須勇敢地拋掉一些生活上不必要的負擔，才能真正享受屬於自己的美麗人生。

生活越簡單，我們受困於慾望的機會便會越少；生活越簡樸，我們受制於慾望的羈絆便會越少。

只要我們不再被物慾所牽制，便能理出更多的時間和精力來實現夢想。

法布爾是法國著名的昆蟲學家，竭盡一生揭開了昆蟲世界的奧秘，也留下了《昆蟲記》這本不朽的著作。

有一天，科學家巴斯德來到阿維尼爾找法布爾，因爲他知道，要找昆蟲專家，法布爾無疑是最佳人選。

法布爾見這位著名的科學家到訪，立即熱情地招待他。

一番暢談之後，巴斯德忽然在準備離去前，向法布爾說：「能不能讓我看看你們家的酒窖？」

法布爾是個窮困的教師，哪裡會有私人酒窖呢？

但是，巴斯德卻一再地要求：「請讓我看看您家的酒窖怎麼維護的！」

最後，法布爾敵不過巴斯德的好奇，只好指指廚房角落裡的酒罈子說：「先生，這就是我的酒窖！」

巴斯德一看，驚訝地看了法布爾後便匆匆離去。

一八六九年的秋天，有一天法布爾來到實驗室裡忙碌，忽然有個客人闖了進來，他只得伸著一雙被染得血紅的手上前接待：「原來是底律伊，你好！很抱歉，我竟穿著這樣簡陋的衣服接待你！眞對不起，我雙手都染紅了，無法和你握手！」

親切的教育長底律伊看見法布爾如此緊張，便溫和地安慰他：「沒關係，我是故意挑這個時間來看你的，你在做什麼呢？」

法布爾簡單地說明他的工作項目後，又馬上做這項實驗給教育長看。

底律伊仔細地看著法布爾的實驗，不時地點了點頭。實驗結束後，他立即問法布爾：「你有沒有缺什麼東西呢？」

法布爾說：「我什麼都不缺！這裡什麼都有，我只是做些小實驗，這些設備就已經足夠了。」

底律伊看著破舊且簡陋的實驗室，吃驚地問：「眞的夠了嗎？每當別人聽見我的詢問，他們幾乎全都要求換新器材，即使他們的設備已經十分完善了。我看你的實驗室如此寒酸，你卻說已經夠了，你眞的什麼都不需要嗎？千萬別客氣

啊！」

聽見底律伊如此關心，法布爾也不好意思拒絕，於是幽默地回應：「長官，如果你一定要提供我東西，那麼我很願意要一件東西。請你告訴巴黎動物園裡的管理人員，如果那裡有魚死了，請他們將魚送來給我，好讓我將它製成標本。然後，我會將它掛到牆壁上，我想，有了這個裝飾品之後，這間實驗室就會像樣多了！」

底律伊一聽，忍不住大笑說：「我知道你想要什麼了！」

巴爾札克曾說：「追求心靈享受的人，應該是行李越輕越好。」的確，如果追求過多，並且斤斤計較得失與否，就會讓自己的「心靈行李」越沈重，也就越會讓自己舉步維艱，陷入痛苦的深淵。

當巴斯德看見法布爾寒酸的酒窖後，我們是不是驚覺自己也曾犯相同的錯誤？因爲習慣了以貌取人的態度，讓我們總是錯誤地評斷眼前的高人；也因爲受限於外表的觀感，我們總是讓自己掉入了虛浮的包裝假象中，忘了內在究竟充實與否。

「或許我什麼都缺，但也什麼都不需要！」

這是法布爾在故事傳遞出來訊息，在帶著生活禪思的氣氛中，我們似乎也有所領悟，或者我們可以這麼說，因爲人們的慾望難以滿足，無論我們怎麼補充所需，也無法得到眞正的滿足。

法布爾將他簡樸的生活方式呈現出來，並在堅持這樣的生活方式中提醒我們：我們沒有辦法滿足每一個慾望，因為滿足了一樣，下一個慾望便會出現，引誘我們繼續追求。

人生是快樂的或是痛苦的，關鍵就在於看待生活的態度。不陷溺於物慾，不欣羨別人，只要能掌握自己的心境，就可以讓自己的人生變得更加精采。

不要被過多的期望牽絆

簡單果決地掌握住自己的需要，並確實地將精神集中在一個目標上，然後我們才能慢慢地讓心中每一個夢想都達到高峰。

希望能成就大事的人，不能太過隨心所欲，對於過多的慾望我們不僅要克制，更要懂得果斷割捨。

如此一來，我們才能眞正地主宰自己的心靈，也才能明確地看見並掌握自己的未來方向。

有個好勝心極強的年輕人，爲了成爲最有學問的專家，也爲了能超越身邊的同儕，因而相當努力。

非常勤奮的他，各方面的表現都非常出衆，唯獨學業成績始終都不見突破，爲此苦惱不已的他，在朋友介紹下，決定去向一位大學問家求救。

當大師聽完年輕人的苦惱後，說道：「你和我一塊兒去登山吧！當你到達山頂後，就知道該怎麼做了！」

走在山林間，年輕人發現沿途有許多晶瑩剔透的小石子，十分美麗，大師見他喜愛，便對他說：「孩子，喜歡的話就撿起來吧！」

只見年輕人撿起了石頭，放進他身後的袋子裡，由於他一路地撿拾，幾乎每顆石頭都想佔有，很快地，背包越來越沉重。

年輕人忍不住發牢騷說：「大師，我實在走不動了，因爲我的背包越來越重，再這樣下去，別說是山頂，我恐怕連半山腰都到不了啊！」

大師笑著看著他，淡淡地說：「嗯，的確辛苦，那該怎麼辦呢？」

年輕人想了想，喃喃地說：「要放下嗎？」

大師看著年輕人不捨地望著背包裡的石頭，又問：「爲何不放下呢？背著石頭怎麼登山呢？」

年輕人聽見大師這麼問著，心中忽然一亮，抬起頭，認眞地看了大師一眼，接著他行了一個大禮，並向大師說：「謝謝，我明白了！」

然後，年輕人放下了背包，轉身往山下走去。

從此，年輕人不再心有旁騖，一心只專注於「學問」的方向上，當然他自許成爲「學問淵博」的學者目標，很快地就達成了。

歌德曾經這麼說：「遊戲人生的人必定一事無成，無法主宰自己的人，永遠只能當個奴隸。」

現實生活中，人們之所以經常失敗，最重要的原因是：「不懂得掌握自己，以及無法果斷地下決定有關。」

看著故事中的年輕人，我們不妨也反省自己，是不是經常在做決定時三心兩意，或是在往前奔跑時，貪心地選定了許多夢想目標，並且充滿龐大的慾望，企圖全部達成呢？

每個人的能力都是有限的，當年輕人將美麗的小石子一顆又一顆地塞入背包時，我們也預見了他將被過多負載拖累的景象。

學會放下，才能活在當下；學會部份捨棄，然後我們才能完整得到，這是人生的禪思，也是生活的常識。簡單果決地掌握住自己的需要，並確實地將精神集中在一個目標上，然後我們才能慢慢地讓心中每一個夢想都達到高峰。

對生命負責的人，對生活必有堅持

「活在當下」的意義，其實不只有今天而已，只要我們能把握住「當下」，那麼我們便已同時掌握住了昨日、今天與明天。

你還在汲汲營營於物質層次的報酬，讓自己的心靈滿是負擔嗎？記住科學家愛因斯坦說過的話：「有不少人不追求那些物質的東西，他們追求理想和真理，從而得到內心的自由和安寧。」

改變生活態度，便能改變一個人的命運。

在人生的道路上，每個人都很努力地打造著成功的鐵鏈，問題是，每個人面對生命的態度不同，每個人承受艱難的耐力不同，最終打造出來的成功之鏈，究竟是條易碎的玻璃鏈，還是堅實耐操的鐵鏈，就有待時間的考驗了。

有個老鐵匠所打造的鐵鏈相當牢固，雖然他自製的產品十分精良，然而個性木訥的他，卻因爲不善言詞，以致於鐵鏈的銷售量一直都很差，收入勉強足夠餬口而已。

有人曾建議他偷工減料：「老鐵匠，你用的材料那樣紮實，售價又那麼便宜，根本不敷成本啦！」

老鐵匠聽見人們這麼好心建議，一點也不以爲意，只是笑笑地回答說：「沒有關係啦！」

老鐵匠沒管那麼多，仍然堅持將鐵鏈打得結結實實地。

有一次，船商請他打了一條輪船用的巨鏈，好讓他們裝在新造好的海輪上，做爲這艘船的主錨鏈。

有天晚上，颶風來襲，海上風暴驟起，風急浪高，輪船在大浪裡載浮載沉，

隨時都有可能撞上礁石，船長見情況危急，爲了安穩船身，於是立即將船上所有的錨鏈全部放下。

但是，沒想到其中有許多鐵鏈就像紙做的一樣，一點用處也沒有，當大浪用力地甩動了幾下，那些鐵鏈竟幾乎全都被甩斷了。

忽然，船長想起了老鐵匠精心打造的鐵鏈，立即命令水手們趕緊將主錨鏈拋下海去。

一夜過去了，船上一千多名乘客與各種貨物，總算安全部安然地渡過了這場風暴，而護守他們渡過這個難關的，正是那唯一的一條，那個由老鐵匠親手打造的堅如磐石的鐵鏈。

靠著這只巨手般的鐵鏈，他們熬過了一夜的風浪，等到了黎明，當朝陽初升時，全船的人都忍不住熱淚盈眶，歡騰不已……

看著鐵匠對於鐵鍊品質的堅持，我們也看見了一個人對於自己生命的認眞態

度，與對小我乃至於大我的責任堅持。

反觀，社會中分別扮演著不角色的你我，對於社會責任的認知，與個人利益需求時的取捨態度，有多少人能像故事中的老鐵匠一般，自始至終都有著堅強的執著，有著對於人生負責的堅持呢？

不要因爲慾念而敷衍了事，因爲堅持負責的態度，不論未來怎麼發展，最終我們都將收到甜美的結果，只要多一份認眞執著，最終我們都獲得完美人生的肯定與支持。

學會享受生活，別太斤斤計較

不斤斤計較付出與得到的人，因為比別人更懂得生活的滿足，他們更能享受生活的快樂，並獲得成功。

總是盲目地追逐物質或金錢中的人，都以爲必須從這些物質財富中才能享受眞正的人生，但是，我們卻也經常發現，急於追求這些東西的人，生活似乎經常未如預期。

快樂的秘訣就是做好自己該做的事，不自尋苦惱，也不替別人增添困擾。只要懂得改正輕忽怠惰的惡習，做好每個細節，生活就會更加充實自在。

農場主人一大早就出門了，要去找幾位葡萄園工人。來到街道上，他與幾個工人們談好一天一個金幣的工資後，便請工人們到葡萄園去工作。

第一批工人工作了三個小時後，農場主人又出門了，當他看見街上有幾個人無事可做的模樣，便好心地上前詢問：「你們要不要到我的葡萄園工作？一天我會付你們一個金幣！」

這幾個人一聽點了點頭，便立即前往葡萄園去。

接下來，每隔三個小時，農場主人分別又找了兩批工人到園區幫忙，薪資同樣是「一天一個金幣」。就在傍晚時分，農場主人再次出門去了，又找了一批無事可做的人回到葡萄園工作。

只見葡萄園裡的工人們忙進忙出，非常熱鬧，而且每個人都相當開心地工作著，直到休息時間到了。

晚上，農場主人對管家說：「你可以去叫工人們休息了，並將工資發放給他們，你從最後加入的工人發到最先開工的人。」

就在這個時候，第一批工人發現最後才加入的工人，竟然與自己拿了相同的工資，臉上出現相當不悅的神情。

第一批工人一拿到錢時，便立即提出抗議：「那些人才工作一個小時而已，你怎麼能把他們與我們辛苦一整天的人同等看待呢？這很不公平耶！」

農場主人一聽，微笑地說：「朋友，我並沒失信，也沒有虧待你啊！我們一開始便說好一天一個金幣，不是嗎？為什麼你不肯拿走你『應得』的東西呢？至於我付給其他人多少工資，那是我和他們的協定，我只是在履行我的承諾而已，有什麼不對呢？」

面對目前的工作，你開心嗎？不開心的話，是因為什麼原因呢？

看完了故事，我們何不靜下心想想，面對眼前的生活與工作，我們心中的不滿情緒到底是因為什麼？是像故事中的第一批工人一般，感覺待遇不合理而心生不悅嗎？

其實，農場主人之所以在不同時段分別找了幾批工人，目的是爲了讓那些還在等待工作的人都有收入，儘管支付酬勞的方式不合情理，但出發點並無可議之處。深入探究，我們更可以知道，農場主人是個宅心仁厚的人，他眞正需要的工人數目，恐怕只是第一批，但爲了照顧那些還在等待工作的工人，才會每隔三個小時上街頭一次。

在這種情況下，從第一批工人到最後一批工人，每個人都擁有著一個最重要的共通利益，那就是他們都是從「無工作」到「有工作」，如果農場主人沒有請他們幫忙，第一批以後的工人恐怕要街上虛渡一天。

看著第一批工人計較著與最後一批工人收入相同的不平，我們是否也該反省自己是不是不懂得以更寬闊的視野看世界？

別再抱怨了，現實生活中經常是付出多而收入少的成功者，不斤斤計較付出與得到的人，因爲比別人更懂得生活的滿足，因此，他們更能享受生活的快樂，並獲得成功。

生命活力是我們最大的財富

只要我們的生命力還在，只要能極積生活，我們這對具有創造力的雙手，一定能為我們爭取到夢想的財富。

德國生物學家威爾科斯克曾說：「當生活像首歌那樣輕快流轉，笑顏常開是件容易的事；而在一切事情都不妙時仍能微笑的人，才活得有價值。」

順境逆境都是人生，很多時候，只要適時調整自己的心情，就能有效扭轉事情。置身什麼環境，或許不是我們可以決定的，但是，我們絕對可以藉由改變自己的心情，讓自己心想事成。

所謂「留得青山在，不怕沒柴燒」，生命是人類最大的生活資本，像是具有創造財富的雙手，像活力四射的蓬勃生命力。

只要生命機器仍能運轉，也仍然能有積極的作爲，那麼最終結算時，累積的利潤必定會超出預期。

有個整天眉頭深鎖的年輕人，一直抱怨自己運氣不濟，老是發不了財。

有一天他遇見了一位滿頭白髮的老人，老人家一看見年輕人，一副垂頭喪氣的模樣，關心地問：「年輕人，爲什麼不開心呢？」

年輕人發現有人關心，立即牢騷大發，對老人說：「唉，我眞不明白，爲什麼我這麼窮？」

老人家一聽，竟笑著說：「呵，有嗎？你窮嗎？我認爲你很富有啊！」

年輕人聽見老人這麼，滿臉不高興趣質問：「我哪裡富有？」

老人家笑著問：「這樣吧，如果你願意砍下一根手指頭，我就給你一千元，但你願意嗎？」

年輕人吃驚地看著老人家，接著說：「當然不要了！」

老人家接著又問：「喔，那如果你現在可以立即變成八十歲的老人，並得到一百萬元，你願意嗎？」

年輕人用力地搖了搖頭，說：「當然不願意了！」

「是嗎？那如果有人願意出一千萬，換你的一條性命，你願不願意交換呢？」老人家又問。

年輕人一聽，滿臉不悅地說：「這怎麼可能願意！」

老人聽完年輕人的反駁，便笑著說：「這不就對了，將以上錢財累計一下，你可是擁有了一千萬以上的財富啊，年輕人！」

年輕人聽見老人家的這番話似有所悟，因爲他微微地笑了。

年輕人一再抱怨「爲什麼我這麼窮」這個句話，相信許多自認失意的人都曾拿來仰天質問吧！

只是怎麼樣才算貧窮呢？是口袋裡沒錢才算貧窮，還是精神困乏才是生活上的貧窮指標呢？

故事中，老人家引導著年輕人，重新整理並糾正他對貧窮所下的定義，然後我們也從中思辨自己對於個人財富的偏執認知，明白「自己」的價值是金錢萬萬不及的。

萬事萬物其實全環繞著我們「自己」，我們應該以自己爲中心軸，讓我們的生命活力無限伸展，然後我們才能將自己以外的財富或珍寶，全部帶入我們的世界中。

擁有生命，才是擁有財富的起點。

一千萬存入你的帳戶裡，然後換你一條命，你願不願意？

千萬要記住，只要我們的生命力還在，「一無所有」四個字就不屬於我們，只要能改變心態極積生活，我們這對具有創造力的雙手，一定能爲我們爭取到夢想的財富。

機會總是出現在最容易被忽略的角落

生活不是由一件又一件的大事所組成，由一件件看似微不足道的小事慢慢堆築而成，看似繁瑣其實條理分明。

我們經常忽略生活中許多細微且瑣碎的事，正因爲我們的輕忽，而讓隱身於細瑣雜事中的機會，一次又一次地與我們擦身而過。

其實，每個人擁有的絕佳機會並不多，因此我們經常得藉由那些無關緊要的小橋，一步步地通往成功的彼岸。

所以，別再輕易地略過身邊的微小事物，因爲在那之中，有許多都是我們嫁接成功的重要枝幹。

小蘭是一所大學裡的校花，追求她的人接踵而至，多到難以計數。因她爲經常出現在圖書館，因此，有越來越多的男同學固守在圖書館內，等待她的芳蹤。

夏日的一個午後，小蘭正端坐在閱覽室裡安靜看書。忽然一個驚雷聲響，小蘭心想：「糟了，快下雨了！」沒有帶雨具的她，擔心再晚一點，雨勢恐怕會變大，便無法回家了，於是急急忙忙收拾好書籍，奔跑到門口。

就在她來到圖書館門口時，一陣雷鳴再又響起，緊接著雨開始落下，而且在她踏出門口前，雨勢忽然變大了起來。

這突如其來的大雨，讓所有學生全都困在門口，動彈不得。忽然有個人衝進了雨中，在一群人的驚嘆聲中，這個身影竟又渾身溼透地折了回來，而在他懷中多抱了一件雨衣。

男孩抖著身子，逕自走向小蘭的面前，並爲將雨衣披上她的肩。

幾年之後，小蘭決定嫁給了這個傻小子，人們看著這個平凡相貌且背景清寒的男子，都忍不住嘆息著：「她怎麼選擇了他呢？」

小蘭聽見人們的質疑時，微笑地說：「試想，一個肯爲我淋雨，並爲我尋找雨衣來保護我的人，一定懂得愛我，就這一點便值得我託付終生了。」

當小蘭說出這段話後，不少仍癡心愛慕她的男子，無不頓足，他們很懊悔當年怎麼沒有料想到這一點，而輕易地錯失了佳人。

看著故事中捶胸頓足的懊悔者，看著緊握機會而成功擁抱佳人歸的男子，我們再次從小事例中證明，機會總是出現在別人最容易忽略的時候，而成功者也總是在人們意料之外嶄露頭角。

進入我們急於成就的未來與理想，我們也赫然發現，許多成功者不正是抓緊了你我所沒有發現的暗處機會，也在我們對他們表現仍抱著嗤之以鼻的態度時，紮紮實實地綻放成功光芒？

生活不是由一件又一件的大事所組成，人生也不是在一個又一個的大浪中高漲，我們的過去與未來，是由一件件看似微不足道的小事慢慢堆築而成，看似繁瑣其實條理分明。

何不學學故事中擄獲佳人心的男子，學會辨識躲在角落的機會，並用心地經營每一個平淡無奇的絕佳契機。

愛就是適時的關懷

真正懂得愛的人，期望的是對方認真地把自己放在心底，用心地疼愛，你說是不是呢？

表達關心的方式有很多種，但是，個性靦腆的人卻說：「不用想那麼多花招啦！他心裡有我，我心裡有他，這就夠了。」

是的，在他們的心中，愛就是彼此適時的關懷，只要是來自對方的關愛，哪怕是小小的事物，都會是自己收到的最好的禮物。

不同的節日，安德烈都會為妻子準備一份禮物，只是不管他送了多少東西，即使是名牌皮包與香水，妻子似乎都不喜歡，因為她從未使用。

安德烈曾經好奇地問妻子，但老婆總是安慰他說：「因為這些禮物如此珍貴，我得好好愛惜。」

感恩節前，有一天妻子下班回來，對他說：「老公，你知道嗎？相思花開始賣了，我今天上班時來不及買，唉！這是我最喜歡的花，想一想，它開花了，那就表示春天快來了。」

「妳最喜歡的花？」安德烈一邊看報紙一邊問。

「是啊，每年我都跟你提過啊！」老婆委屈地。說

感恩節的前夕，安德烈猛然想起老婆對他說的話，於是匆匆地來到一間花店。只是店裡的花兒幾乎都賣完了，地上只有幾盆奇怪的植物，安德烈沉思了幾分鐘，女售貨員見狀上前向他介紹：「請您買這盆花吧，別小看它們，裡面可有著淡紫色的花朵！」

不過，安德烈仍然不放棄地問道：「還有相思花嗎？」

「沒有了，不過這盆花眞的很香！」女售貨員說。

安德烈也覺得這花的確很香，他停頓了一秒鐘：「好吧，明天上午我再來買，我把地址記下。」

安德烈說完後，便轉身離去，這時已經是下班尖鋒時間，沒能擠上車的他，只好步行回家。

當他走到話劇院旁時，他發現有間花店，只是店裡花朵也剩下不多了。

這時一位老先生走了出來，問他：「您需要幫忙嗎？」

安德烈隨口問了問：「這兒有相思花嗎？」

老先生的反應，一如他所預期的：「對不起，正巧賣完了！」

安德烈嘆了口氣，不知道爲什麼，居然對著老先生抱怨起尋找花朵的經過。

安德烈說完後，又嘆了口氣說：「唉！我知道沒有相思花也無所謂，只是，我很清楚她希望能收到這些花兒。」

老先生親切地對安德烈說：「我明白，現在的人對於這樣的瑣事總是漠不關心，其實，這些小事情才是最重要的，因爲你的妻子將從這些花朵中，看到很多很多事情。」

安德烈點了點頭，無奈地起身，準備離開。

突然，老先生開口說：「年輕人，能耽誤你幾分鐘嗎？」

安德烈一聽，便轉身看著老先生。

老先生說：「其實，我爲女兒留了一束相思花，但是，我看得出你比她更需要這些花，我想了想，還是讓女兒的未婚夫爲她準備吧！你覺得呢？」

安德烈一聽，開心地回應：「沒錯！」

老先生拿出包裹整齊花束，安德烈很開心地抱著花朵回家了，他知道，老婆終於等到她一直期待的幸福禮物！

「送她最喜歡的禮物，希望她幸福」，正可以說明安德烈尋找相思花的心思，然而，我們不妨細思一下，安德烈太太渴望幸福禮物的心情。

在這個物質掛帥的年代，這則故事不知道給了你多少啓發與反省？

當你收到十克拉的鑽戒，你認爲他有多愛你？當你收到一克拉的鑽戒時，心中的幸福指數是多少？

其實，故事中的老先生，眞正想說的是：「從這些花朵中，我看見了你和你的妻子，一輩子的相知相守！」

一束相思花沒有多少錢，但是一份謹記於心的疼愛卻是無價的。眞正懂得愛的人，期望的不是那束花，而是對方認眞地把自己放在心底，用心地疼愛，你說是不是呢？

立志當珍珠，不要當沙子

作家A・芭芭耶娃在《人和命運》裡說：

「不必誇耀自己擁有什麼才能，

關於這一點，別人要比我們看得清楚。」

信心就是希望的火種

德國作家亨利希・曼說：「信心是希望的火種，往往在你摸索的黑夜裡，照亮前程的路。」

面對逆境或險境，你總是是慌張地亂了陣腳，還是沉著應對？不要把緊張和恐懼在最危險的時候表現出來，因爲，那只會讓對手更有把握對付你而已。

斯蒂克在第二次世界大戰時被徵召入伍，在聯軍登陸諾曼第之後，他就被送

到歐洲戰場上，參加抗德戰爭。

他在前線歷經六個月的戰爭，所屬的兩百多人隊伍，後來只剩下幾個生存者。不久，他從小兵升到了班長，還獲得三枚獎章和一個英勇勳章。他曾經多次在深夜帶兵到敵後偵察，也曾數次襲擊敵方的營地，每次他都打前鋒，而且每次都是九死一生。

一次，在德國邊境的小鎮上，他擊毀了一架敵方的機關槍，還救了同袍一命。有一次要深夜到敵後偵察時，他的排長命他帶領一群弟兄，穿過鐵絲網和地雷區，深入敵軍兵營裡探取情報。這次斯蒂克仍然走在最前頭，不但帶回寶貴的情報，還俘擄了四個敵兵回來。

還有一次偵察行動中，斯蒂克帶著一班弟兄越過一座橋樑，進入了靠近德軍駐紮地的一間獨立小屋，就在黃昏時分，他們擊斃了一名攻入走廊的德軍。他和弟兄們在小屋中和敵人的屍體一起過夜，因爲和德國軍隊只隔著一座橋，士兵們都很害怕敵人會來圍攻，這時斯蒂克沉著地說：「勇敢一點，只要我們不畏縮，這一夜一定能安全渡過。」

有了斯蒂克充滿信心的勉勵，一班弟兄們的心都鎮定了下來，也眞的平安地渡過了一夜。

德國作家亨利希·曼說：「信心是希望的火種，往往在你摸索的黑夜裡，照亮前程的路。」

培養你的自信心吧！所謂的奇蹟和轉機，其實都是對自己有了信心後，能沉著應對，然後以不畏縮、堅持不懈和越挫越勇的精神，安然渡過每一個困難和危險。只要充滿了信心，你就能掌握自己的情緒，就是你自己命運的主宰，不管碰到任何危險事情都能逢凶化吉。

立志當珍珠，不要當沙子

作家A．芭芭耶娃在《人和命運》裡說：「不必誇耀自己擁有什麼才能，關於這一點，別人要比我們看得清楚。」

作家普卜利烏斯說：「消除苦惱的最好辦法就是接受它。」

只要我們願意接受事實，現實生活中許多失意挫折都有辦法克服，最怕的是缺乏面對自己的勇氣。不要只會抱怨別人，也不要只知埋怨環境不公，人生的機會其實很多，但只給肯腳踏實地的人。

你還在責罵全世界的不公嗎？不如先反省自己吧！

有個年輕人在學校的課業成績很好，但是畢業後卻屢屢碰壁，一直找不到理想的工作。他總是抱怨自己懷才不遇，對社會感到非常失望，抱怨政府無能，責怪老闆現實，感慨世間竟然沒有伯樂來賞識他這匹「千里馬」，對大環境既傷心又絕望。

有一天，這個年輕人懷著痛苦的心情來到海邊，打算就此結束自己的生命，當他走入海裡即將被海水淹沒的時候，一個老漁夫把他救了起來。

老人問他爲什麼要走上絕路。年輕人忿忿不平地說：「我得不到別人和社會的肯定，沒有人能欣賞我，覺得活在這樣的世間根本就沒有意義！」

這時，老漁夫從腳下撿起了一粒沙子，讓年輕人仔細看了一會兒，然後隨手扔到地上，對他說：「請你把剛才扔在地上的那粒沙子撿起來吧！」

「這哪有可能！」年輕人瞪大了眼，低頭看了一下說。

老漁夫沒有回應，從口袋裡拿出一顆白皙明亮的珍珠，一樣隨便扔到了沙灘上，然後對年輕人說：「你能把這顆珍珠撿起來嗎？」

「當然能！」年輕人以爲老漁夫是在跟他開玩笑。

這時，老漁夫認眞地說：「你明白問題所在了吧？現在的你，還不是一顆光彩耀人的珍珠，當然不能期望別人馬上肯定你。想讓別人看見你的能力和實力，你就要想辦法讓自己成爲一顆珍珠才行。」

年輕人點了點頭，若有所思的低頭不語。

作家A．芭芭耶娃在《人和命運》裡說：「不必誇耀自己擁有什麼才能，關於這一點，別人要比我們看得清楚。」

任何一個人，一開始都必須知道自己只是顆普通的沙粒，而不是價值連城的珍珠，想要出人頭地，就必須累積自己的資本才行。

想要讓自己像珍珠一樣，就得不斷提高自己的能力和價值，認眞紮實地累積，當你成爲一顆渾圓又光亮的珍珠，就算你身藏再深的海底，也一定有人會潛到深海將你尋找出來。

任何夢想花園都得靠你親手打造

法國文豪雨果曾說：「我寧願靠自己的力量，打開我的前途，而不願乞求有力者的垂青。」

作家哥爾斯密曾經如此寫道：「不論在哪裡，不論你是誰，自己的幸福要靠自己去創造、去尋覓。」

不要老是羨慕嫉妒別人，也不要一味模仿別人，只有那些能夠腳踏實地打造自己夢想花園的人，才是最幸福的人。

別再浪費時間了，不如把等待和觀望羨慕的時間拿來行動，你也會有屬於自己的美麗天堂。

某年的夏天，有六個高中生前去拜訪費城當地以博學著稱的康惠爾牧師，向他提出請求：「牧師先生，您肯教我們讀書嗎？我們沒有錢上大學唸書，現在中學要畢業了，我們都非常想再繼續深造學習，不知道您願不願意指導我們？」

康惠爾答應了這六個貧家子弟的請求，事後他突然想到：「一定還有許多年輕人和這六位學生一樣，想學習知識，但又付不起學費上大學，我應該爲這些窮困的年輕人辦一所大學。」

於是，他爲了籌建大學開始進行募捐。當時，建一所大學大概要花一百五十萬美元。康惠爾四處奔走，忙著在費城各地演講，這樣努力奔波了五年，豈知竟然還湊不足一千美元。

康惠爾感到非常難過，有一天心情低落地來到了另一間教堂，正想著下星期要準備的演講稿時，低頭發現教堂周圍的草長得枯黃雜亂，便問園丁：「爲什麼這裡的草，長得不像別間教堂那樣青綠呢？」

園丁抬起頭，不以為然地看著牧師說：「你認為眼中這地方的草長得不好嗎？那是因為你把這些草和其他地方的草做了比較的緣故。我們總是看到別人美麗的草地，希望別人的草地就是我們的，卻很少認真整理自己的草地。」

沒想到園丁不經意的一段話，頓時令康惠爾恍然大悟，隨即跑到教堂裡開始流暢地撰寫演講稿。

在演講稿中他這樣寫著：「我們總是讓時間在等待和觀望中白白流逝，自己卻忘了可以親自動手，讓事情朝著我們所期望的方向發展。」

不久之後，康惠爾牧師終於完成願望，創立了一所嘉惠窮人的大學。

法國文豪雨果曾說：「我寧願靠自己的力量，打開我的前途，而不願乞求有力者的垂青。」

一般人總是習慣看著別人的非凡成就而羨慕不已，卻不肯親自耕耘屬於自己的美麗花園。

對康惠爾牧師來說，當他努力爲費城的貧困子弟四處奔跑時，大部份的人只肯給予同情的眼神，卻不肯付出幫助。

牧師發現不同地方的草地經營，發現人們只會羨慕的慣性，於是，他把「自己的夢想要自己實現」的觀念傳遞出來，希望能讓所有人知道，只要願意，任何夢想都能實現。

當我們羨慕別人用手整理出美麗花園，何不也親自動手整理一片屬於自己的美麗花園？

當自己命運的建築師

俄國作家奧斯特洛夫斯基曾說：「假如你有那麼一秒鐘的退縮，失去了對勝利、前進的信心，那麼勝利就會從你手中溜掉。」

弱者把希望寄託於他人，強者把希望寄託在自己身上。人應該培養對自己的信心，只畏建立信心，就能克服眼前的障礙和困難，當自己命運的建築師。

美國著名的小說家普拉格曼，某次長篇小說得獎，在頒獎典禮上，有位記者

問他：「你認爲生命中讓你成功的關鍵轉折點，是在什麼時候？」

這時，他對著記者說了自己的一段親身經歷。

二次大戰中，他還沒讀完高中就到海軍服役。一九四四年八月，在一次海上戰鬥中他身負重傷，雙腿無法站立。爲了保住他的生命，艦長緊急派了一個海軍下士開著小船，冒著危險將他送到戰地醫院。

誰知，在黑暗的大海中，小船漂流了四個多小時，還很不幸地迷失了方向，此外，周遭隆隆的砲火聲音，也使這名掌舵的海軍下士害怕得失去了信心，準備拔槍自殺。

然而，傷勢嚴重的普拉格曼卻很鎭定地勸他：「別開槍，我有一種預感，你對自己要有信心和耐心，千萬不要絕望、慌亂，我們一定會找到方向的。」

話剛剛說完，突然對敵軍發射的高射砲在天空爆炸，照亮了海域，而他們也發現，小舟已經離戰地醫院的碼頭不遠了。

普拉格曼說，這個極具戲劇性的經歷，在自己的心中烙下相當深刻的印記。從此，他堅信，即使面對失敗也要保持冷靜，絕不失望、驚慌，因爲在最後時刻一定會有轉機，一定會出現勝利的曙光。

俄國作家奧斯特洛夫斯基曾說：「假如你有那麼一秒鐘的退縮，失去了對勝利、前進的信心，那麼勝利就會從你手中溜掉。」

怎麼讓危機變轉機，如何從逆境走向順境呢？

我們都知道要找方法解決，也知道要培養能力去改變，但在解決和改變前面，有一個大前題是：「不要放棄！」

人只要對自己充滿信心，就不會輕言放棄。只要沒有放棄，機會就仍然在你的手上；只要不放棄，成功的方向一定會讓你找到。

靠著意志的培養和毅力的鍛鍊，把你的自信心好好培養起來，即使面臨再困苦的危難，都會有轉機出現。

勇氣會讓你逢凶化吉

英國桂冠詩人華茲華斯說：「堅韌是成功的一大因素。只要在門上敲得夠久、夠大聲，一定可以把裡頭的人叫醒。」

逆境是通往成功的唯一道路，也是鍛鍊意志的最高學府。

鋼鐵之所以堅硬，是因爲它在烈火裡燃燒，在冰水裡冷卻。人生也是如此，唯有遭遇過超越常人的苦難，才能獲得超越常人的成功。

一八六四年九月三日，瑞典首都斯德哥爾摩近郊的一家工廠，突然傳出一連

串震耳欲聾的爆炸巨響，頓時濃煙佈滿天空，火舌不斷竄燒，短短幾分鐘時間，化學家諾貝爾前半生的心血化為灰燼。

消防隊和當地民衆趕到出事現場時，只見原來的工廠已經蕩然無存，無情的大火吞沒了一切。諾貝爾呆楞地站在火場旁邊，這場突如其來的災禍，把他嚇得面無人色，全身不住地顫抖著。

消防隊從瓦礫中找出了五具屍體，其中一個是他正在大學讀書的小弟，另外四個人則是和他情同手足的助手。

諾貝爾的母親得知小兒子慘死的噩耗，不禁悲痛欲絕，而他的父親因為受到刺激而中風，從此半身癱瘓。

然而，遭遇這麼巨大的痛苦和失敗，並沒有讓諾貝爾放棄研發工作。

悲劇發生後，警察立即封鎖了出事現場，並嚴禁諾貝爾恢復工廠，當地民衆也像躲避瘟神一樣避開他，也沒有人願意再出租土地讓他進行高危險性的實驗。但是，這一連串挫敗和打擊，並沒有讓諾貝爾退縮。

幾天之後，有人發現離市區很遠的馬拉崙湖上，出現了一艘巨大的平底駁船，

船上擺滿了各種實驗設備，有個人正全神貫注地進行一項神秘的試驗。他就是在大爆炸後，被當地居民趕走的諾貝爾！

因爲勇氣，諾貝爾多次逢凶化吉，經過多次充滿危險的實驗，諾貝爾沒有和他的駁船一起葬身魚腹，反而發明了雷管，這是爆炸學上的一項重大突破。接著，他又在德國漢堡等地建立了炸藥公司。

一時之間，諾貝爾生產的炸藥成了搶手貨，源源不斷的訂貨單從世界各地傳來，他的財富也與日俱增。

儘管獲得成功的諾貝爾並沒有擺脫挫折，但是，接踵而至的災難和困境，並沒有讓諾貝爾嚇倒，更沒有一蹶不振。毅力和恆心，使他堅忍不拔，把挫折踩在腳下，也贏得了成功。

他一生當中，總共獲得了三百五十五個發明權的專利，還用自己的財富創立了諾貝爾獎，這些獎項至今仍被國際視爲至高無上的榮譽。

英國桂冠詩人華茲華斯說：「堅韌是成功的一大因素。只要在門上敲得夠久、夠大聲，一定可以把裡頭的人叫醒。」

從諾貝爾獲得成功的過程中，反省一下自己曾經遇上的困難，是不是根本就微不足道？

諾貝爾堅忍不拔的勇氣，有沒有讓你面對困難更加有了信心？

想實現目標，你必需要有越挫越勇的能量，能跌倒了再站起來，這些是成功的過程中不可缺少的必備條件！

你為什麼覺得生活很痛苦？

白俄羅斯作家伊凡．沙米亞金在《夜幕中的閃光》中告誡世人：「要在自己身上找到力量來拯救自己的幸福，否則它就會被摧殘、玷污。」

覺得現在的工作讓你很痛苦嗎？

先停下腳步想想，你是用什麼樣的心態在進行，如果連一點樂趣也沒有，那就別再前進了，換個工作或者重新開始。

找出你主動學習的熱情，換個態度面對你的工作，釐清什麼是你想要的生活，整理你應該有的生活態度，你才不會在埋怨中虛度一生。

有一位住在山區的農夫，每天都必須翻山越嶺地挑著兩大擔柴，到市集去販賣。他把所得的錢購買一天的糧食後，就細心地把剩餘的錢存好，供他兒子到城裡讀書。

有一年，兒子放暑假回來時，農夫為了培養他吃苦耐勞的精神，便叫兒子幫忙挑柴到市集去賣。一直深受呵護的兒子不大情願地挑了兩擔柴，翻山越嶺地挑到市集去，但是這項粗重的工作可把他給累壞了，只做了兩天，他就累得不能再做了。

父親沒辦法，只好嘆了口氣，要兒子好好休息，自己挑柴去賣，好養家餬口。可是，天有不測風雲，幾天後，父親卻不幸病倒了，而且這一病就是半月。家裡頓時失去了經濟來源，眼看就要陷入絕境，兒子想不出其他辦法，只好主動地挑起生活的重擔，學著父親上山砍柴，然後再挑到市集裡販賣。可是，這次他卻一點也不覺得累。

「兒子，別累壞了身子！」躺在床上的父親欣慰地看著兒子。

這時，兒子停下手中的工作，對父親說：「爸，眞是奇怪，剛開始你叫我挑柴的那兩天，我挑的擔子那麼輕，但卻覺得相當累，怎麼現在我挑得越來越重，反倒覺得擔子越來越輕了呢？」

父親開心地點點頭，說道：「那是因爲你已經把體力鍛鍊出來，還有就是，經過這次事件，你的心理也成熟不少的緣故。當你有了挑起重擔的勇氣，那麼擔子自然就會變輕！」

你明白這位父親所說的理由嗎？

當所有動作都是自發性的時候，那麼一個人對於自己挑起的擔子便不再感到辛苦；當心中沒有了抱怨，時間一久，不知不覺就會覺得甘之如飴，擔子自然也就挑得輕鬆又自在。

兒子把挑柴換得的糧食帶回家時，心中所得到的滿足感，便是他擔子減輕的重要助手。

白俄羅斯作家伊凡．沙米亞金在《夜幕中的閃光》中告誡世人：「要在自己身上找到力量來拯救自己的幸福，否則它就會被摧殘、玷污。」

當你能自動自發的行動，就會開始培養出興趣，有了興趣，任何事情對你而言就不會有所謂的辛苦存在，每天只會感到成就感不斷增加。

別急著放棄，再堅持一步就抵達終點了

古希臘史學家修昔底德在《伯羅奔尼撒戰爭》中寫道：「真正能被稱為最勇敢的人，極其清楚地同時意識到生命的痛苦與歡樂，但並不因此而在危險面前畏縮。」

莎士比亞曾說：「千萬人的失敗，都是失敗在做事不徹底，往往做到離成功尚差一步，就終止不做。」

其實，想要成功沒有什麼特別的秘訣，只在於永不改變既定的目的。想要成功，也毫無技巧可言，只要你對目前的工作，全力以赴和永不放棄。如此一來，想打造一個成功的自己，並非遙不可及。

走到成功的臨界點之時，你會選擇放棄，任由機會流失，還是咬緊牙關堅持到最後一秒？

生活中，我們會不經意的浪費很多時間，但是，在關鍵時刻，如果你把最後一秒的機會浪費掉，或是提早放棄，那麼就從此和成功絕緣了！

來到了開羅博物館，首先映入眼簾的是從圖坦卡蒙法老王墓陵挖出的寶藏，每一件都顯得光彩奪目，而在博物館的二樓，則放著燦爛奪目的寶藏，有黃金、珠寶飾品、大理石容器、戰車、象牙與黃金棺木……等等。

這些精巧的工藝至今仍令人讚歎不已，不過，這些東西若不是霍華·卡特堅持，再多一天時間探挖，也許至今仍藏地下不見天日。

一九二二年的冬天，卡特幾乎要放棄尋找年輕法老王墳墓的希望，因為，他的贊助商已經準備取消贊助費用了。

卡特在自傳中描述，當時是他們待在山谷中的最後一季了，他們整整挖掘了六季，但是在這麼長的日子裡卻毫無所獲。有時候，他們日以繼夜的工作，卻一

直沒有任何發現，內心感到陣陣絕望，幾乎認定自己被打敗了，應該準備離開山谷到別的地方去碰碰運氣。

但是，要不是大家最後堅持，再用力往地上一鎚，他們永遠也不會發現，那些遠超出衆人夢想的寶藏。

因爲卡特的堅持，到最後一刻也不願放棄的精神，才能讓他成爲近代第一個挖掘出最完整法老王墳墓的人。

古希臘史學家修昔底德在《伯羅奔尼撒戰爭》中寫道：「真正能被稱為最勇敢的人，極其清楚地同時意識到生命的痛苦與歡樂，但並不因此而在危險面前畏縮。」

不管你現在做到什麼進度，都要充滿積極想法，告訴自己：也許再走一步，就能得到成功的喜悅。

失敗和挫折往往會擋在成功路的最後一步，能夠堅持的人，會看見那個跨欄，

並奮力一跳，抵達終點，接受歡呼；不能堅持的人，不僅看不到那個高欄，還會被它絆倒，而且被絆倒後，甚至連爬到終點的努力都不肯付出。

不想原地踏步，就給自己一個往前奔馳的堅持，任何放棄的念頭都不能有，如此才有機會到達你的目的地。

不斷學習才能不斷獲得

法國思想家孟德思鳩說：「我們接受三種教育，一種來自父母，一種來自師長，一種來自社會。第三種教育與前兩種完全背道而馳。」

有人會認爲，知識和學問是經由讀書獲得的，其實，更重要的學問不在學校或課本，而是經由不斷學習、研究才能獲得。

人應該像海綿一樣，不斷吸收有用的知識，彌補自己的不足。

期末考試的最後一天，一群大四學生在台階上擠成一團，他們正面臨即將開始的考試，這是他們畢業前的最後一次測驗，每個人臉上充滿了自信。

有一些人正談論著自己已經找到的工作，另外一些人則談論著理想中的工作。他們對這四年來的學習成果相當有信心，都認爲自己是最優秀的人才，甚至還可以征服全世界。

考試即將開始，教授告訴他們可以帶任何想帶的書本或筆記，但是不能在測驗的時候交談。學生們高高興興地進了教室，教授把試卷發了下來，當他們發現只有五個考題時，臉上的笑容更加燦爛。

考試時間結束了，教授開始收卷，但學生們臉上的笑容不再，看起來完全沒有了自信，臉上寫滿了沮喪。

教授看著一張張焦急的臉，問道：「五個題目都完成的請舉手！」

竟然沒有一個人舉手。

「那完成四題的請舉手？」

沒想到還是沒有人舉手。

「完成三題的請舉手！」

「寫完兩道題的呢？」

問到這裡，每個學生們焦躁不安地在座位上騷動起來。

「那麼一題呢？有沒有人完成了一題的？」

此刻，整個教室寂靜無聲，於是，教授放下了考卷，對著學生說：「沒錯，這正是我期待的結果。」

這時，有學生不滿地發起牢騷，教授帶著勉勵而感性的語氣說：「我只是要讓你們留下一個深刻的印象，讓你們知道，即使大家完成了四年的學業，但是在學校和課本之外，仍然有很多東西是你們還不知道的。這些你們不能回答的問題，其實和你們即將面對的未來生活有關。」

他微笑著補充：「放心好了，你們都會順利畢業，但是千萬要記住，即使你們大學畢業了，你們的教育才剛剛開始。」

法國思想家孟德思鳩說：「我們接受三種教育，一種來自父母，一種來自師

長，一種來自社會。第三種教育與前兩種完全背道而馳。」

在大學畢業前，你們一定聽過教授們這樣的鼓勵：「恭禧你們大學畢業了，不過，接下來要進入的社會大學，才是你們眞正學習的開始。」

從小我們接受正規的學校教育，有了知識上的學習與累積；當我們慢慢成長，接觸的層面日漸寬廣，我們也開始面對生活裡的現實。

直到進入社會，有了工作，我們的人生才正要開始，任何會遇到的難題或人際上的交流……等等，全都和學校裡遇到的不同，沒有辦法舉例援用。

也許有人幸運一點，能遇到貴人指點，但是，大多時候，事情都必須靠你自己加以解決，而這就是社會大學的多元性，也是你一輩子都要認眞學習的必修課程。不管你已經畢業還是即將畢業，都要說聲恭禧，你的社會大學即將正式開始。

分享是最快樂的事

生活苦悶的你，
該不會是被帶走太多快樂而不自知吧？
不想生活過得那麼苦悶，
快用分享交換快樂吧！

盡全力，人生就不會有遺憾

無論生活上遇見了什麼樣的困難，凡事都能盡心盡力，那麼在沒有遺憾與生活中，人生自然能耀眼奪目。

美國作家海爾曼說：「有一天，當你發現自己的境遇都是自己造成的，而非源於意外、時間或命運，那是多麼悲哀的事。」

不希望人生有任何遺憾，只要你盡力去做就對了！

這是大多數成功者的結論，也是他們最基本的生活態度，更是讓他們擁有精采人生的唯一方法。

國際巨星茱麗葉．畢諾許的人生觀十分獨特，她認爲：「人生最重要的一件事是能平靜地死去。」

當記者們聽見巨星如此說時，都吃驚地問：「爲什麼？」

只見巨星帶著甜美的微笑說：「能平靜，是因爲我們一生中必須做的事都完成了，所以可以死而無憾，平靜安詳地離開了。」

對畢諾許來說，人生有許多階段，而且每一個階段都會有不一樣的任務要做，當然也會有屬於該階段最重要的事得去實現。

她說：「十八歲時，最重要的事是學會獨立生活；開始工作以後，我們要仔細聆聽內心深處的聲音，知道自己想要追尋的夢是什麼。」

「您目前是屬於什麼階段？對妳來說，目前最重要的事是什麼？」

畢諾許甜蜜地笑著說：「我現在當然以家庭和小孩爲重囉！」

「但是，您工作那麼忙，而且每一部片子幾乎都得到國外出外景，妳要怎麼安排時間呢？」

「即使出國拍戲，我還是有休息時間啊！我每天都會利用電話與孩子溝通談心，這也是我調劑身心最好的方式。」畢諾許說。

我們可以這麼說，演技一流的畢諾許，不只是工作出色，更是一位好媽媽，懂得在工作與家庭之間找到平衡的她，生活也一定比常人都過得還要精采。其實，我們也可以擁有這樣的精采人生，只要我們能像畢諾許一般，無論生活上遇見了什麼樣的困難，凡事皆能盡心盡力，那麼在沒有遺憾與生活中，人生自然能耀眼奪目。

你還在找尋豐富人生的方法嗎？

你根本不需要花那麼多時間找秘方，儘管生活的方式有很多種，但生活的態度卻只有一種，那正是畢諾許在故事中表現的旨意：「無論如何，凡事盡力去做就對了！」

向摯愛的人表達心中的愛意

老人們最在意的，不是我們功成名就，而是寶貝孩子們的關心與體貼，向我們摯愛的親人表達心中的愛意吧！

想成爲幸福的人，首先得先學會誠摯地向親人表達自己的愛意。心理學家瑪莉發現，因爲祖孫之間的關係較傾向「溫馨接納」，反而能讓他們成爲沒有隔閡的好伙伴。

每個星期天，都會有人在約翰·蘭薩牧師的衣領上別一朵玫瑰花。

這個星期天，當蘭薩再次別上花朵時，有個小男孩上前對他說：「牧師，演講結束後，你會怎麼處理這朵花呢？」

蘭薩指著身上的玫瑰花，問道：「你指的是這朵花嗎？」

小男孩點了點頭，對牧師說：「是的，我想，如果你要將丟掉它的話，是否可以送給我？」

蘭薩微笑地說：「當然可以，不過，你要怎麼使用這朵用過的花呢？」

小男孩仰望著蘭薩，純眞地說：「我要將它送給我的祖母。自從爸爸和媽媽離婚後，我跟我媽媽住過一次，後來又跟爸爸住過一陣子，但是當他們都不再收留我時，我就來到了祖母家，祖母對我眞的很好。她每天煮飯給我吃，也非常疼我，從來沒有人這麼眞心疼愛我，所以我要把這朵漂亮的花送給她，謝謝她愛我。」

聽了小男孩的眞摯告白，蘭薩感動得眼眶泛淚光，拿下了花朵，對男孩說：「孩子，這是我聽過最幸福的事，但是我不想把這朵花送給你。」

小男孩一聽，著急地問：「你剛剛答應我了！」

蘭薩笑了笑說：「因爲，才一朵怎麼夠呢？在講台前面有一大束花，我認爲你把那些花送給祖母，更能表現出你對她的愛。」

小男孩瞪大了眼，開心地說：「好棒喔！我本來只想要一朵花，卻反而得到一大束的美麗花朵，祖母看了一定非常高興。」

非常動人的小故事，當小男孩真摯地索取花朵時，蘭薩也看見了最純美動人的祖孫情。看著小男孩的體貼與關愛，你是否也感受到其中溫暖？

愛就是這樣簡單，因爲祖母的疼愛與照顧，小孫子也要用相同的疼愛與關懷回饋給他的老奶奶。那我們呢？你是否也經常掛念著家中的老人家，想起他們對你的關懷與疼愛呢？

其實，家中的老人們最在意的，不是我們在職場上的功成名就，而是寶貝孩子們對他們的關心與體貼，不如我們一起學學小男孩，向摯愛的親人表達心中的愛意吧！

同心，就能幸福一輩子

患難夫妻最動人的地方，是在生活最辛苦的時候，彼此的心中仍掛念著要給對方幸福。

常聽見「夫妻本是同林鳥，大難臨頭各自飛」這句話，有人說這種現實景況是很正常的，但是，你眞的這麼認爲嗎？

如果在非常時刻，你或另一半想的是「快閃」，那其實意味著你們早已同林不同巢了啊！

迪拉的身上只剩一元八角七分，眼看明天便是聖誕節了，但她除了待在屋裡哭泣外，根本想不出什麼辦法。

當初，租下這個月租三十二元美金的套房時，她沒有料到丈夫詹姆原本一百二十美元的月薪會突然降成了八十美元，讓兩個人的生活捉襟見肘。迪拉哭完後，重新調適了自己的心情，走到窗邊想著：「明天是聖誕節了，無論無何我都要買份禮物送給老公。」

但是，她努力存下的一元八角七分，能怎麼運用呢？

迪拉來到窗戶旁的玻璃鏡前，忽然間，她的眼睛閃耀出喜悅的光彩，快速地解開頭髮，讓它完全垂了下來。

是這個了，這是夫妻倆最寶貴的兩件東西之一，第一件是迪拉的美麗長髮，另一件是老公的金錶。迪拉放下了長過雙膝，像小瀑布般棕色發亮的髮絲，喜悅的光彩閃亮了片刻，眼淚就忍不住滴落了。

不久，她穿上了外套，眼眶泛著淚光，便出門了。

走了快十分鐘的路，迪拉最後站在掛著「蘇鳳尼夫人，各種頭髮用品」的牌子前停下來。深深吸了一口氣後，她衝了進去，對一位胖胖的夫人說：「您願意買我的頭髮嗎？」

這位蘇鳳尼夫人說：「當然願意，不過，請先脫下帽子讓我看看。」

頓時，一把濃密閃著光芒的棕色髮絲傾瀉而下。

蘇鳳尼夫人一看，眼睛眨都不眨，立即說：「二十元，成交！」

迪拉不假思索即刻回答：「好，請快點給我錢。」

拿著錢，迪拉立即開始尋找要送給老公的耶誕禮物，忽然，她在櫥窗前看見一條白金打造的錶鏈，簡單樸素中不失華貴，她一看就覺得，這是屬於詹姆的。錢幾乎花光了，她回到家中拿出了捲髮用具，開始整理那個爲了愛而「壯烈」犧牲的頭髮，她猜想著：「詹姆看見了，不知道會有什麼反應？嗯！剩下的一元八角還能做什麼呢？」

七點鐘，咖啡煮好了，煎鍋上的碎牛肉快好了，而詹姆也快回來了！

詹姆一進門，滿臉疲弱憔悴，但是他忽然像獵犬發現獵物一般，眼神突然明亮了起來。

迪拉甜甜地向老公一笑，說道：「親愛的，不要那樣看我，我只是把頭髮賣了，好爲你買一份聖誕禮物，放心，它會再長出來的，相信你不會介意吧？總之，聖誕快樂啊！親愛的，你猜，我爲你買了什麼？」

「妳把頭髮剪了？」詹姆似乎還未清醒！

「是剪下來賣了，這個新髮型你喜歡嗎？」迪拉說。

詹姆彷彿從夢中醒過來，熱情地擁抱著迪拉，隨即從大衣裡拿出一包東西，他說：「迪拉，我不會因爲頭髮的改變而不疼愛妳，只是，妳打開這包東西就知道了。」

迪拉打開一看，原來是一整套的梳子，那是她在百老匯的櫥窗中看過後，一直夢想擁有的梳子組合。她撫著梳子上的珠寶，想像它在美麗長髮上梳動的情況，然後把梳子抱在胸前，微笑地對凝視著她的老公說：「我的頭髮會長得很快的，謝謝！」

接著，她拿出了昂貴的聖誕禮物：「詹姆，這是我在鎮上找了好久的禮物喔！從現在起，你隨時都可拿出錶來看了，你快把錶拿出來，看看它和你的金錶搭不搭？」

詹姆只是微笑，卻沒有把金錶拿出來，只是抱著老婆說：「親愛的，我們暫時別管這些聖誕禮物了，因爲它們是這樣的美好，拿出來用實在很可惜。更何況，我已經用手錶換了這組梳子，這件事以後再說囉！我好餓啊！妳的碎肉煎好了嗎？」

對於兩性的婚姻生活，著名的精神分析大師弗洛伊德曾經如此說道：「如果男女雙方不能一開始就身心融合地真誠相愛，那麼，這樣的婚姻瓦解起來，速度比什麼都要快。」

這番話或許可以解釋，爲什麼現代社會的離婚率會節節高昇。是的，正是因爲其中參雜了太多的自私自利。

這對患難夫妻最動人的地方，是在生活最辛苦的時候，彼此的心中仍掛念著要給對方幸福，他們寧願意犧牲自己最珍愛的東西，也要讓另一件有一個快樂的

耶誕節。

「貧苦時不必苦惱，因爲我們還有一樣最無價的資產，那便是患難中的眞情。」這是迪拉夫妻倆想跟大家分享的。

不是一家人，不進一家門，既然兩個人都點頭說「我願意」了，也允諾要白頭偕老了，那還有什麼事不能攜手共度的呢？

只要兩個人同心，就沒有解決不了的事！

就算眼前的生活艱苦又如何呢？既然一雙手扶得很辛苦，那就兩雙手一起攜手扶持吧！

適時溝通就是最好的互動

只要我們隨時關心身邊的人，即使只有短短的一句「你好嗎」，或是一個小小的擁抱，意外都將會在這些小小的關懷中化解的。

美國作家奧尼爾在《榆樹下的願望》裡提醒我們：「如果生活的幸福只是對自己眼前境遇的滿足，那就沒什麼價值。」

幸福來自於自我對生活的感悟，以及和週遭親友的溫馨互動。

請隨時告訴你的親友們：「你是我人生中最重要的人！」

只要我們願意給予這樣的肯定與支持，幸福與快樂的日子必定會隨時守候在你我的身邊。

今天，賈許老師把學生一一叫到台上，告訴每一位同學：「你和這個班級對我而言是相當重要的。」

賈許親自爲每位學生繫上了一條金字藍底的緞帶，上面寫著幾個字：「我是重要的人。」

接著，老師對學生們說：「除此之外，我想請大家做一個實驗，你們照著我的動作，向其他人表示你對他的肯定，然後我們再來討論，這個動作對這個社區有什麼樣的影響。」

接著，她再交給學生三個緞帶別針，並教導他們如何表達感謝與鼓勵，一個星期後，他們再向大家報告觀察結果。

於是，有位男同學一下課，便到學校附近的公司找一位年輕主管，因爲這位主管曾經指導他完成生活的規劃。

當男孩將一條緞帶別在他的襯衫上後，又將另外二個別針送給了他，並解釋說：「其實，我們正在做一項研究，我們想透過這樣的方式，讓這個動作不斷地傳送下去，並發現人與人之間的變化，所以，當你完成這項任務後，請您務必告訴我結果。」

於是，第二天早上，這位年輕的主管來到老闆的辦公室。據說這個老闆是個很難相處的人，不過，因爲年輕人仰慕老闆的才華，因此他很樂意將這個感謝緞帶送給他的老闆，感激老闆給他親近與學習的機會。

老闆聽了十分驚訝，不過他還是接受了年輕人的感謝緞帶，並爲自己別上。當年輕人繫好後，也將剩下的別針送給他，然後說：「希望您也能把這緞帶送給您所感謝的人，這是一個學生送給我的，他說這是一項研究，他希望我們將這個感謝緞帶一直延續下去，並發現這些人際的變化。」

老闆了解情況後，也點頭答應。

晚上，老闆坐在十四歲兒子的身旁，對他提起了今天發生的事：「今天發生了一件不可思議的事，我坐在辦公室的時候，有位年輕同事對我說他很仰慕我的才華，還送我一條藍色緞帶。然後，他又送了我一個別針，請我送給我所要感謝

的人。你知道嗎？我開車回家時便開始想，這個緞帶我要送給誰呢？最後我想到了你，因爲在我生命中，你是我最重要的人。」

老闆吐了口氣說：「這些日子來，我經常不在家，不僅沒空照顧你，有時候還會因你的學業成績退步或房間髒亂，失控地對你大吼大叫。所以，現在我想讓你知道，你對我眞的很重要，除了你媽媽之外，你是我一生中最重要的人啊，孩子！」

兒子聽見父親這麼說，一陣驚訝，也一陣感動，忽然，兒子哽咽啜泣了起來，他看著父親，淚流滿面地說：「爸爸，其實我原本計劃明天要自殺的，因爲我一直以爲你並不愛我，幸好有這個緞帶，因爲它讓我發現，原來是我誤會了，爸爸，謝謝你！」

透過故事中的藍色緞帶，你是否也發現，自己已經很久很久沒有和身邊的人溝通情感了呢？

別上一個藍色的緞帶，同時也爲親友們別上一個許久未曾表達的愛意，當你覺得社會的暴戾與怨懟增加時，先別急著責怪社會的冷漠，因爲，那很可能我們缺乏溝通，因爲我們太久沒有和別人談心了。

就像故事中的兒子與父親，太久沒有溝通、互動，差點就造成悲劇，一如今日社會上經常看見的自殺事件。

其實，這些意外絕對可以避免，只要我們隨時關心身邊的人，即使只有短短的一句「你好嗎」，或是一個小小的擁抱，意外都將會在這些小小的關懷中化解。仔細地想一想，你有多久沒有聽見家人和朋友的聲音了呢？

給每個人一個愛的擁抱

何不現在就向身邊的人要一個「擁抱」，試一試溫暖擁抱的滋味，感受一下被疼愛的感覺！

擁抱有哪些好處？

根據喜歡擁抱的人說：「擁抱可以讓人感到溫暖、被愛，撫平情緒，還有增進人與人之間的感情。」

心理學家則解釋說，擁抱是彼此建立親密關係的展現，透過擁抱，人與人之間可以激發神奇的力量。

李夏普洛是個退休的法官，樂觀開朗的他很喜歡擁抱的動作，所以他的朋友們都爲他取了一個「抱抱法官」的綽號。

六年前，他特地設計了一個自黏式的刺繡小紅心，上面還繡著幾個字：「一顆心換一個擁抱。」

從此，他不只給熟識的朋友們擁抱，經常帶著他的「抱抱小紅心」，四處演講並與人擁抱。隨著越來越多人得到李夏普洛的擁抱，這個「抱抱小紅心」也越來越紅了。

不久，洛杉磯有個地方小報向他挑戰，因爲他們認爲：「參加擁抱會議的人，當然願意接受擁抱，但是，在冷漠而現實的大城市中，人們還恐怕很難接受陌生的擁抱。」

所以，他們要求法官挑戰洛杉磯的路人。

這天，幾乎所有媒體工作人員都出動了，想看李法官的笑話，大批人跟著李

夏普洛到處拍攝。

李夏普洛的第一個對象是位婦人：「嗨！我是李夏普洛，大家都叫我『抱抱法官』。不知道我能不能用這個小紅心與妳交換一個擁抱？」

婦人點了點頭，微笑地答應了。

這時，有人提出異議，認爲單是要求擁抱婦人太容易了。

於是，法官看了看四周，正巧看見一位女警正在開罰單，便從容不迫地走上前去，接著向她說：「妳好，我是『抱抱法官』，我想用這個小紅心換妳一個擁抱，可以嗎？」

女警也立即接受了，沒想到立即又有人質疑：「女人總是心軟的，法官，那邊來了一輛公共汽車，聽說洛杉磯的公車司機是最難纏的，你要不要試試，能否從司機身上得到一個擁抱？」

李夏普洛點了點頭，立即上車跟司機說：「您好，我是『抱抱法官』，您每天這樣開車一定非常辛苦吧！我今天很想得到人們的擁抱，希望能找個人互相取暖、鼓勵一下，好卸下心中的擔子，繼續工作。不知道，你需不需要這樣的擁抱呢？」

「好！」

沒想到，這位高大威猛的司機毫不猶豫地站了起來，大聲地對李夏普洛洛說：

法官也熱情地給了一個擁抱，還爲司機貼了一張小紅心，從此再也沒有人向他提出質疑了。

有一天，李法官的朋友南茜來拜訪他，希望他能帶著「抱抱小紅心」，一起去探訪殘疾人之家的朋友們。

他們到達之後，便開始分發氣球、帽子、紅心，並且擁抱每一個病人，當他們來到最後一個病床前，看見一件穿著圍兜，神情呆滯的病人。

南茜輕輕地將氣球帽放在他的頭上，而李法官也將一張小紅心貼在他的圍兜，並彎下腰抱一下這個重症病患。

突然間，這個病人突然朗聲大笑，其他的病人聽見了，都紛紛將房間弄得叮噹作響，李法官不解地回頭看著醫護人員，問他們怎麼一回事，豈料卻見到每位醫師和護士全都哭了。這時，身邊的醫生說：「二十三年了，這是我們第一次看

見里奧笑了。」

看著故事，你的雙臂是否也很想張開，與人擁抱呢？

沒有人不喜歡被擁抱，因爲擁抱和微笑一樣，當對方願意與我們微笑、擁抱時，便表示了他們的善意與支持，這些都是快樂生活的最佳能量。

你看，抱抱法官不是告訴我們：「擁抱不僅能拉近兩個人的心，更是卸除生活壓力的最佳良方！」

你懷疑嗎？何不現在就向身邊的人要一個「擁抱」，試一試溫暖擁抱的滋味，感受一下被疼愛的感覺！

關心別人等於關心自己

能關心別人，人們自然也會關心你，當你處處替別人著想時，被關心的人不管走到哪裡，也都會想起你。

日本作家鈴木健二在《人際關係漫談》中告訴我們：「一個人的價值，存在於平凡事物之中，而在日常生活當中得到昇華。他的凝聚點體現了一個人的全部人格和情操。」

一個人的崇高價值，往往展現在發自內心關心別人。

沒有人不需要關心，也沒有人不渴望被關愛，再冷漠的人也一定會有溫柔的一面，只是這份深藏的溫柔，他們只回饋給真心關愛他的人。

羅絲永遠也不會忘記，媽媽要她參加生日宴會的那一天。

原本羅絲一點也不想參加露西的生日宴會：「媽咪，她是新來的同學，名叫露西，跟我又不熟，而且伯尼斯和帕特也不打算去，她邀請了全班同學，但是似乎沒有一個人要去。」

媽媽仔細地看著這張手工做的請帖，接著說：「孩子，妳應該去的，明天我會幫妳挑一件禮物帶去。」

露西的生日宴會安排在星期六中午，媽媽一大早就把羅絲叫起來，還讓她親自包裝禮物。

羅絲帶著禮物來到露西家，當她跟著露西上樓時，發現露西居然住在如此陡峭而黑暗的樓梯間。

進門之後，羅絲雖然看見了陽光，但是屋裡陳舊的家具與擁擠的小空間，似乎說明了露西的家境，接著，羅絲看見了大蛋糕，與三十六個寫了所有同學名字的紙杯。

羅絲看了看四周，忍不住問：「妳媽媽呢？」

露西低著頭說：「對不起，她有點兒不舒服。」

羅絲體諒地說：「沒關係，那妳爸爸呢？」

露西的頭又更低了：「他去世了。」

聽到這裡，羅絲不敢再發問了，接下來的氣氛有點僵，屋子裡就這樣凝結了大約十五分鐘……

忽然，羅絲聽到了一個抽泣聲，沒想到露西居然哭了起來。八歲的羅絲心中也很難過，同時也對班上其他同學的缺席感到憤怒。羅絲從椅子上跳了下來，大聲地說：「別等他們了，我們快點開始吧！」

露西吃驚地看著羅絲，臉上展露了甜美的笑容，就這樣，兩個小女孩熱熱鬧鬧地玩了起來。她們先從蛋糕開始，露西許了一個願，而羅絲則在旁邊大聲地唱著「生日快樂」。

一轉眼，宴會的結束時間到了，羅絲的媽媽已經在外面按喇叭了，羅絲連忙收

拾了所有東西，向露西感謝她的邀請：「謝謝妳！祝妳生日快樂！」

羅絲坐上了車，激動著情緒對媽媽說：「媽媽，我今天好高興喔！露西好喜歡那個我送她的化妝盒喔！明天我一定要告訴每一個人，他們錯過了一個非常盛大的宴會。」

媽媽點了點頭，說：「孩子，我為妳感到驕傲！」

從這一天開始，羅絲開始懂得一個簡單的道理：「只要我們手牽起手，我們就能成為最好的朋友！」

幸福快樂的秘訣是關懷週遭的人，而不是精打細算地索求。如果你從不關懷別人，又如何讓自己真的幸福快樂呢？

羅絲的媽媽從手工卡片中，發現了一個需要關愛的心靈，所以積極鼓勵女兒，參加露西的生日宴會。

當故事來到陡峭、灰黑的樓梯時，我們也證實了羅絲媽媽的判斷，這裡真的居住了一個極需照亮的脆弱心靈。從兩個單純的小朋友身上，我們也看見了人與人之間的需求，一個相互取暖與關心的人際互動。

我們都一定有過被人們以冷漠澆熄心中熱情的經驗，看著小露西的遭遇時，你是否也能感同身受？

關心別人等於關心自己，這不是什麼宗教口號，也不是讓人難以理解的哲學思考；能關心別人，人們自然也會關心你，當你處處替別人著想時，被關心的人不管走到哪裡，也都會想起你。

只要我們打心底地疼愛對方，沒有人會不感受到你的「疼」！

過真正舒適的生活

你也有相同的經驗，為了犒賞自己，偶爾買一件珍貴的物品送給自己，但是因為「不捨」，最後一次也沒用著？

爲了維護「完美無缺」，許多女孩花了大把錢，爲自己買了一件昂貴的服飾，結果因爲害怕宴會時弄髒，這件美麗的犒賞便被長久地關在衣櫥裡，再也沒有表現的機會。

這天，妻子對剛剛下班回家的沃爾特說：「親愛的，我認爲，我們應該把家

弄得更舒適些。」

沃爾特不解地問：「現在不舒適嗎？」

妻子解釋著：「我認爲，這間屋子應該好好地裝潢一番，像那些擺設也要重新添購了。我想，你可以把買摩托車的預算交給我，讓我好好地爲這個家改造一下。」

沃爾特不以爲然地想：「這怎麼行？爲了買摩托車，我可是存了快四年，好不容易湊足了一千盧布。」

沃爾特搖搖頭：「妳不覺得，如果我們有了這輛車子，以後就可以到處兜風了嗎？想去哪就去哪，生活不是更舒適了嗎？」

老婆冷笑了一聲：「哈，哪裡會舒適？你不是說，瓦西因爲騎摩托車而摔斷了肋骨嗎？」

沃爾特冷冷地說：「照妳這麼說，我們乾脆都別出門了。」

妻子點了點頭：「只要我把這裡重新裝修後，你就不會想出門了。」

「是嗎？」沃爾特懷疑地問。

「怎麼，你不相信嗎？走著瞧吧！門和窗戶都刷上保加利亞油漆，安上新的把手，裝上英國鎖……」

聽著妻子滔滔不絕地說，他忍不住埋怨道：「這麼裝修，又不知道要花多少錢了！」

妻子連忙說：「一千盧布就夠了。」

沃爾特滿臉悲苦地想：「一千盧布！這要存多久啊！四年來，我連一杯白蘭地都捨不得喝啊！」

這時，妻子又撒嬌地說：「買摩托車的錢你再慢慢賺嘛！不然，我也幫忙存車款囉！你再稍候忍耐一些時候，你想想看，家裡舒適一點不是很好嗎？買個舒服的沙發椅，那你一回家就可以坐著休息，這樣一天的勞累就會消失了呀！」

就這樣，在妻子溫柔的說服下，沃爾特也開始幻想著「舒適的景象」，而夢想中的舒適生活，就這樣開始了……

今天，一切終於完工了，沃爾特也開始準備享受，舒適生活的第一天。

但是，當他一回到家，妻子卻立即警告他：「親愛的，小心點，門不要關得太大聲，還有，你要把鞋子提在手上啊！最好是用報紙包起來，免得鞋底的泥土落到波斯毯上。」

第二天妻子又抱怨說：「你怎麼用那麼髒的手握門把呢？那是新的耶！而且我剛剛才擦過。」

不一會兒，她又叫喊著：「哎喲，你別碰牆壁啊！你看，又髒了！」

第三天，她繼續嘮叨著：「你怎麼在屋裡抽煙啊！那會把天花板薰黃的，到樓梯或廁所裡抽吧！」

「等等，你先別坐在椅子上，我剛才用清潔劑擦過而已。」

「喂！剛下班回來，別一屁股坐在沙發上，如果你想休息的話，就到院子的長凳哪兒吧！」

沃爾特不禁敲了敲頭，喃喃自語：「舒適是件了不起的事，不，那根本是一項神聖不可侵的夢想。」

突然，耳際又傳來老婆的高音：「親愛的，你應該與朋友們斷絕來往了，你一個人在這檜木地板上踩還不夠……」

今晚沃爾特享受了最後一次的「舒適」：「天哪！你看你，把臥室弄成什麼樣子，不行，要是這樣，你就別進房門了，晚安了，親愛的！今晚，你就在走廊過夜吧！」

看完了這個故事，你是不是也覺得很可笑呢？

相信你也有相同的經驗，爲了犒賞自己，偶爾買一件珍貴的物品送給自己，但是每當你準備拿出來使用時，卻難免像沃爾特太太一樣，因爲「不捨」，最後還是鎖回保險櫃中，一次也沒用著？

看一看沃爾特的情況，當妻子塑造了「舒適生活」的環境之後，眞正帶給沃爾特的，卻是痛苦生活的開始啊！

如果，可以問一問沃爾特的話，相信他一定會說：「眞正舒適的生活，就是讓我好好地睡一覺，即使是張破床也行！」

分享是最快樂的事

生活苦悶的你，該不會是被帶走太多快樂而不自知吧？不想生活過得那麼苦悶，快用分享交換快樂吧！

人爲了體現生命的意義而開創美好生活，而懂得分享則會讓自己活得充滿喜悅，充滿欣慰。

一個人樂於把自己擁有的與別人分享，才能擁有眞正的幸福。

分享是一種高尚而寬闊的情操，唯有具備這種情操的人，才能活得快樂，眞正享受美好的生活。

當然，施予的目的不是爲了得到什麼，但是，願意與人分享的人，一定能獲得豐厚，快樂而幸福的人生回報。

保羅的哥哥送給他一輛新車，當他離開辦公室前往停車場取車時，有個男孩繞著那輛新車欣賞，還問保羅：「這是您的車嗎？」

保羅點點頭：「是的，是我哥哥送給我的禮物。」

男孩驚訝地說：「你哥哥送的？」

保羅看著吃驚的男孩，以爲他也希望能有個哥哥送他車子，但這個男孩卻說：「我也希望自己能送輛車給弟弟。」

這個答案眞是意外，保羅吃驚地看男孩，接著邀請男孩：「要不要上車，我們一起去兜風？」

男孩開心地說好，逛了一小段路之後，男孩興奮地說：「先生，您能不能把車子開到我家門口？」

保羅心想，男孩一定是想向鄰居們炫耀一番，爲了滿足他的虛榮，便答應了男孩的請求。

來到門口，男孩又說：「請你等一等！」

只見男孩一下車，立即跑進屋裡。

過了一會兒，他居然扶著一個跛腳的男孩走出來，接著指著那輛新車說：「弟弟你看，這就是我剛剛在樓上告訴你的那輛新車，這是保羅的哥哥送給他的喔！將來我也會送給你這樣的車子，然後，我們可以開著車，到街上兜風，一起欣賞那些漂亮的耶誕飾品了。」

保羅聽見男孩對弟弟這麼說時，不禁大爲感動，走到兄弟倆的面前，一把將跛腳的男孩抱了起來。

他讓兩個男孩一起坐到車裡，並對他們說：「不必等到以後，現在，讓我們一起上街兜風吧！」

這天聖誕夜，保羅對他的哥哥說：「哥哥，謝謝您，我今天終於明白，爲什麼施比受更有福的道理。」

俄國文豪托爾斯泰曾經寫道：「快樂是什麼？人生最大的快樂，並不在於你擁有了什麼，而在於珍惜與分享的過程。」

當保羅載著兩個小男孩提前實現夢想時，相信你也感受到坐在車裡的三個人，正在享受的一種幸福、歡樂的氣氛，是吧？

永遠記得一位老媽媽說的話：「你認爲我給得太多？那你就猜錯了，其實我從他的身上換到了很多快樂啊！」

多麼可愛的「交換」觀念，覺得生活苦悶的你，該不會是吝於付出、吝於分享，流失了太多快樂而不自知吧？

不想生活過得那麼苦悶，快學會用分享交換快樂吧！

再辛苦的難關
也一定能走過

時間一定會帶走所有困頓，
所以我們一定要努力上進；
只要一過了這個難關，
下一步我們就會來到夢想的天空。

關懷是支持生命的最大力量

只要你願意接納和擁抱每一個人，你的生活不僅會充滿快樂陽光，生命也會燃燒得燦亮動人。

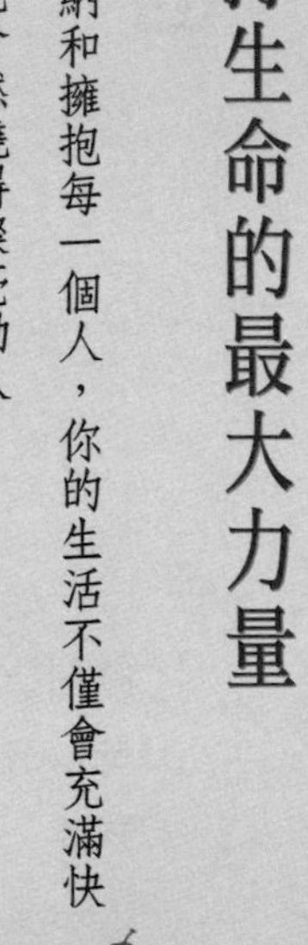

證嚴法師曾說：「要生活健康，心靈富有，就一定要有愛心。」支持生命的力量雖然很多，但卻只有愛，才會讓我們的生命更加積極；唯有願意付出關懷的人，才能眞正地享受生命的樂趣與幸福。

有個垂垂老矣的婆婆，每天只能坐在陽光下熬日子，面對枯燥乏味的餘生，

坐在搖椅上，經常忍不住叨唸著：「我好像聞到棺材味兒了！」

每當一想到這裡，原本被太陽曬得通紅的臉，頓時又失去了生氣。悲觀消極的她，經常覺得自己活在世上是多餘的：「是啊，我是一堆快被世界分解掉的垃圾！」

有一天，頹喪的老婆婆又在胡思亂想時，身後突然出現一個小女孩的聲音：「奶奶，我好餓喔！您能不能給我一點吃的？求求您！」

老婆婆看著眼前又臭又髒的小女孩，惻隱之心油然而生，一邊拉著女孩進屋找吃的，一邊則親切地問著：「孩子，妳的家人呢？」

女孩泛著淚光說：「我沒有家人！我是個孤兒！」

老婆婆拿出了一塊麵包和牛奶，和善地對小女孩說：「慢慢吃吧！等會兒奶奶幫妳洗澡，好不好！」

小女孩一聽，用力地點了點頭。從此，這間屋裡又多了一個小女孩的身影，每當老婆婆在後院曬太陽時，小女孩都會守在她的身邊。

每當老婆婆又忍不住嘆息著自己就快死時，小女孩都會拉著她的手，著急地說：「奶奶，您不會死的！您不能死啊……」

婆婆每次聽見小女孩著急地哭了，都會將她抱在身邊，安慰說：「好，好，奶奶不會死！」

女孩一天一天長大了，爲了孩子的未來，老婆婆開始出去工作，由於年事已高，只能撿拾些破酒瓶來換錢。雖然生活吃緊，但是老婆婆卻十分努力地四處尋找可以回收的酒瓶。

其實，死神來找老婆婆好幾次了，然而每當老婆婆嗅到死神氣味時，她都會喃喃說道：「再過一陣子吧！那孩子還需要我！」

死神似也被老婆婆的大愛所感動，每當老婆婆從氣息奄奄中忽然精神抖擻起來，人們也相信眞有「死神」這一回事。

小女孩終於長大了，然而，長大後的女孩卻找到了新的依靠，與一位年輕人走了，從此沒有再回到老婆婆的身邊。這天死神又悄悄地來了，倚在窗邊的老婆婆，眼神正凝望著遠方，似乎期待著奇蹟能夠出現般。

死神搖了搖頭，說：「時候到了，我們走吧！別再等了！」

只見老奶奶安詳地點了點頭，雙眼從此闔上，當人們發現她時，卻見她滿臉堆滿了笑容。

當我們看見老奶奶帶著笑容離開人間，我們感受到了施惠者的快樂感受，也明白了時時懷抱愛心的好處。

不必太在意女孩的一去不回頭，因爲那不是故事中的重點，也不是老奶奶撫養女孩的最終目的，對老奶奶來說，臨老還有個活力十足的小娃娃來陪伴，即使付出再多，也是歡喜甘願的享受。

看著老奶奶晚年燭光如此熱烈地燃燒，你是否明白了關懷的好，又是否願意從此刻開始，把無私的關懷時刻放在心上呢？

張開雙手吧！只要你願意張開雙手，人們自然會上前給你一份熱情擁抱，只要你願意接納和擁抱每一個人，你的生活不僅會充滿快樂陽光，生命也會燃燒得燦亮動人。

再辛苦的難關也一定能走過

時間一定會帶走所有困頓，所以我們一定要努力上進；只要一過了這個難關，下一步我們就會來到夢想的天空。

時鐘停擺的時候，換上了新的電池，看著秒針積極地前進，聰明的人也領悟到，不管生活多麼沈重，一切都會過去！

放下心中的怨忿哀愁，因爲一切都會過去，不要被眼前的逆境給囿限，只要堅強地熬過下一秒鐘，我們便能嚐到苦盡甘來的滋味。

如琳從小就對祖母留下來的桃花木盒很感興趣，特別是那個工藝精美的銅鎖，在如琳的爸爸經常擦拭之下，保持得十分黃亮。

「裡面裝了些什麼東西呢？」小如琳雖然經常看見父親拿出這個小盒子，但是卻從未見過盒子裡的東西，一直到十七歲生日的那天。

「如琳，妳過來。」

只見父親拿出了祖母的小木匣遞給了如琳：「打開它！」

如琳有點懷疑地看著父親，因爲這麼多年來，不管她央求父親多少次，他從來都說：「不可以。」

如琳的爸爸似乎看出了女兒的遲疑，用力地點了點頭。

於是，如琳小心翼翼地打開了盒蓋，裡面有一個繡花包，不過這個繡花包看起來鼓鼓的。

「咦？裡面還有東西！」如琳心跳得非常厲害，感覺興奮莫名。

小荷包打開了，裡面竟是一包針和幾綑線！

如琳吃驚地看著小荷包，這時父親對她說：「孩子，這是妳祖母留下來最珍貴的財產，我和妳叔叔他們全靠妳祖母這些針線，一點一滴把我們扶養長大。妳祖母去逝前，只留下了這個盒子，她要後輩子孫們知道，只要能勤奮上進，再辛苦的難關都能走過。」

如果你邊聽著一曲傳統歌謠，邊閱讀這篇文章，心中定然會充滿感動，看著如琳奶奶的桃花木盒，我們也看見了上一代努力傳承給下一代的希望。

在早期的台灣社會中，有著所謂的針線情，當年，我們可以在加工出口區看見一個個充滿風霜的面容，更會在她們的面容上發現一份堅毅的韌性女工們爲了下一代，更爲了她們所愛的一切，將血汗全編織在一件件織品裡，我們也看見了她們希望的未來。

「時間一定會帶走所有困頓，所以我們一定要努力上進；只要一過了這個難關，下一步我們就會來到夢想的天空。」這是老奶奶放在桃木盒裡的深意，也是她留給後輩子孫們最珍貴的遺物！

懂得尊重才是真正的愛

缺乏包容與尊重的人際交流，很難擁有美好結局，缺乏包容與尊重的愛情追逐，無法擁有美好的成果。

謙虛的微笑最是美麗，包容的臉龐最是溫暖。

當我們的目光投注在美麗的微笑裡便再也無法移動，當我們的心思專注於包容的臉龐中便會感受幸福的滋味。

無論我們正在經營什麼樣的情感，都不能忘記：「不管是愛情、友情還是親情，包容與尊重是串起這些情感的重要環扣！」

在街角的一間獨棟公寓頂樓，有個美麗的女子正站在陽台上乘涼，她那似水般的雙眸以及微風吹拂的秀麗髮絲，總是不經意地引得路人駐足欣賞。

「那是誰家的女孩？眞美！」路過的人們總是這麼讚美著。

有一天，有個男孩經過此地，也和大家一樣被女孩的美麗所吸引，也忍不住地停下腳步，仔細欣賞。但是，男孩這一停足，從此再也離不開了，因爲他完全被女孩的美貌所迷。

有一天，女孩準備出門時，男孩立即上前表示友好：「小姐您好，我十分喜愛您，能不能和您交個朋友？」

女孩滿臉傲氣地看著男孩，接著便不屑地說：「好哇！如果你眞的那麼喜歡我的話，請你站在陽台下一百天，我自然會下樓來找你。」

男孩果眞實行了，無論颳風下雨，從來都沒有離開過。

「明天就是第一百天了！」驕傲的女孩忍不住想看看那個男孩。

然而，就在這個時候，她卻看見那個男孩緩緩地站了起來，提起了椅子若無其事地走了。女孩一看男孩居然走了，竟難過得暈了過去。

把頭抬得高高地看人，人們當然無法感受到你的情感，更別提他們是否能接受你了。畢竟多數人不懂得經營一份充滿距離感的情感，更因爲難以估量到收穫多少，寧願放棄，一如故事中的男孩。

如果外表的美麗僅止於外表，醜惡的內在最終還是會被發現。因爲外表的包裝一向很薄，只要輕輕一碰觸或是步伐再靠近一些，我們不難發現內裡的物件，了解到這樣的愛戀不值得付出！

領悟了故事想告訴我們的旨意，還高掛著傲氣的人們，是否已經開始收斂起氣焰呢？

缺乏包容與尊重的人際交流，很難擁有美好結局，缺乏包容與尊重的愛情追逐，無法擁有美好的成果。

懂得分享，才是真正享受

對你來說，什麼才是你生命中最寶貴的東西？是錢？是文字？還是健康？又或是情感？懂得分享，才是真正享受。

眞實地分享你的生命，不必隱藏，因為你分享得越多，人們回應給你的眞實情感將會更多！

能將情感眞實地展露出來，人們才會誠摯地接納你，倘若這是你生活中是重要的目標，你將不自覺地展露出生命的自信。

岸邊走來了一個有錢人、一個拳擊手、一個高官和一名作家，他們來到渡船邊，同時要求擺渡人載他們渡河。

但是，擺渡人卻出了道難題給他們：「沒問題，但是你們要把自己最寶貴的東西分一點給我，不然別想搭我的船。」

有錢人拿出了一筆錢，擺渡人立即笑著說：「請上船！」

這時拳擊手舉起了他的大拳頭說：「這個你吃得消嗎？」

擺渡人一看，微笑換成了一個苦笑：「也請上船。」

已經想了很久的高官，這時說：「你送我過河之後，就別做這麼辛苦的工作了，不如到我府第裡工作吧！」

擺渡人聽了非常開心，連忙上前扶他上船。

接著，作家則說：「我最寶貴的東西是寫文章，但我現在一時也寫不出來，不如我唱首歌兒給你聽吧！」

擺渡人揮了揮手說：「唱歌？我也會唱啊！如果你什麼都沒有，唱首歌也行，只要你唱得好，便送你到對岸去。」

作家清了清嗓子，接著便唱了起來，但他還未唱到一半便被擺渡人打斷：「你唱這什麼歌？眞難聽。」

說罷，他便撐起了篙子，離了岸。

作家呆坐在岸邊，只見暮色越來越濃了，不禁想起等在家裡的妻兒們，還期待著他手中要來的米。

又冷又餓的作家，心中一陣酸楚：「爲什麼會這樣呢？唉！我從未做過壞事，老天爺爲何要這樣待我！」

「你這個嘆息聲比剛才唱的歌好聽呢！現在，你已經把最寶貴的東西分享出來了，請上船吧！」

擺渡人忽然靠岸，作家吃驚地看著擺渡人的改變，船夫似乎看出作家的困惑，笑著說：「剛剛你已經把心中最眞實的感受和我分享了！」

作家終於來到了對岸，思索剛剛擺渡人說的那番話，深覺：「船夫說得眞好，如果作家沒了眞實的情感，創作之路當然無路可走了！」

第二天，作家來到了岸邊，擺渡人已經不見了，因爲他決定到高官家工作了。

作家看著船，心想：「我不如來做擺渡人吧！」

少了財富的誘惑和權力的壓迫，他以誠摯的情感運送每一位客人，也要求乘客們能以眞情回報。

工作一段時間後，作家從中有了領悟：「我竟然從未改行啊！原來，創作和擺渡一樣，都是要把人渡到前方去。」

看似不同的分享方式，其實有著共同的特質，那便是故事中的人物因應本身的背景，都將身上最眞實的東西分享與擺渡人，像有錢人的金錢、拳擊手的拳頭、高官的權力，以及作家創作時的眞情。

也許，有人要質疑金錢及權力的眞實性，甚至對拳擊手伸出的拳頭嗤之以鼻，但是我們若能仔細分辨，對有錢人來說，金錢不正是他人生最眞實的東西嗎？高官一生追求的眞實目標不正是權力嗎？至於拳擊手的拳頭，不正是他生命的全部？

那麼對你來說，什麼才是你生命中最寶貴的東西？是錢？是文字？還是健康？

又或是情感？

聽見作家的嘆息聲，你是否也感受到作家的眞實心聲？看見有錢人大方分享金錢，你是否也感受到富翁眞實的金錢慾望？

懂得分享，才是眞正享受。

當作家最後領悟「人渡人」的終極目標時，我們也領悟了擺渡人分享的寓意：「渡，為了跨越到另一個境地，所以等著人渡，當船夫渡送我們到了彼岸後，繼續往前走，我們都將發現，接下來我們也要伸出雙手去引渡另一個人，而這才是人生的真諦。」

待人真誠，才會產生共鳴

待人真誠，我們才能享受動人的畫面，因為溫厚的心意，我們才能嚐到生命中的幸福感受！

感動的淚光必須發自內心，因爲虛情假意人們始終都感受得到，因爲不是發自眞心的感受，再多的淚水也不會出現亮麗光芒。

在缺乏光芒的淚水中，我們也看見，在他們心中少有生命的共鳴，當然也鮮少表現出對生命的關愛。

有個熟識高爾基的作家，曾寫了一篇關於高爾基流淚的故事，文中，作家回憶著他遇見高爾基的四次流淚的情景。

那一天，高爾基聽聞契訶夫去世的消息後，一整天都沉默不語。

直到晚上，有人在廣場上施放煙火時，他才走出門口，對玩煙火的人們說：「別放煙火，契訶夫剛剛去世了！」

當時，這位作家聽得出來，高爾基的聲音有些顫抖，當然也看見了他眼角閃爍的淚光。

再一次，是和高爾基一起看電影時。

銀幕裡，出現了一個小孩躺在鐵軌睡覺，轉換個鏡頭是一列火車正急疾馳來，忽然，鏡頭又切換至另一個畫面，有隻小狗冒死迎向火車跑去，牠想要阻止火車前進，拯救牠的小主人。

這一次，高爾基被這隻忠勇的小狗感動，淚光在黑暗中靜靜綻放著。

第三次是在斯默爾尼宮的群眾聚會上，當大會結束時，全體起立高唱歌曲時，那撼動人心的宏壯歌聲，再次讓高爾基熱淚盈眶！

第四次是在彼得格勒車站裡，那天高爾基踏上火車後，站長說司機和爐工想和他見面，高爾基欣然同意：「那是我的榮幸！」

就在他的手與四隻粗糙的手緊握之後，高爾基的眼眶再次紅了。

從高爾基的感動淚水中，我們也看見了一顆容易感動的心，如此易感的心，其實也十分容易觸動他身邊的人。因爲，人們會忍不住跟著他的腳步，一同欣賞或感受身邊的人事物，並且會不自覺地和他一般，只要事物輕輕觸動，便會跟著墜入易感的漩渦中。

心意眞誠的人很容易被周遭的細微事物感動，因爲他們心中懷抱著善良，對生命也充滿了關愛之情。

對他們來說，萬物自然是一切的根本，他們習慣以寬闊的胸襟來付出關懷，就像高爾基觸碰到司機手上的厚繭一般，心思細膩的他，再一次地觀察到細微的生命付出，並讓淚水傳達出他的領悟：「別小看這個粗糙的手繭，就是這個手繭，我們才能有今日的發達與便捷！」

從煙火到小狗救主的畫面，再到火車司機手上的繭，我們看見了高爾基的觀察入微，更敬佩他對人的關心、體貼與尊重，這些也是你我在人際交流時最爲重要的事。

正因爲待人接物時眞情以對，所以高爾基的淚水總是能觸動每一個人，同時我們也領悟了故事中的旨意：「待人真誠，我們才能享受如此動人的畫面，因為溫厚的心意，我們才能嚐到生命中的幸福感受！」

只要冷靜堅持，一定能找到出路

人生難免會有許多慾望和期望，只要我們能冷靜堅持，無論多大的阻礙，生活始終都會有出口。

從許多科學家或音樂大師的故事中，我們不難發現，讓他們經常廢寢忘食的目標只有一個，那就是他們在獨一無二的工作或自己喜歡的事務上，一再地堅持：「好，還要更好！」

不追求物質享受，專心致志就是成功的不二法門。

陳景潤是位著名的數學家，終日埋首於數學世界裡，幾乎廢寢忘食，與人絕緣，就連與家人之間的見面時間，竟然也有安排，像是與妻子的見面每天僅有二十分鐘，與兒子相處的時間則是一星期六十分鐘，其他關於食衣住行或家務分工或開支等事，一概不過問。

然而，有一天，他卻心血來潮，突然對妻子說：「我幫妳買菜。」說著，便拿起了妻子手上的菜籃子，走下樓去，往附近的菜市場前進。

但是，當他來到市場後，只在攤販前轉了轉，最終卻又什麼也沒有買，因爲他的心又飛回到他的書房與數學程式中了。

沒想到就在他轉向準備回家時，突然忘了來時路了。

他在大街上轉了又轉，竟怎麼也找不到距離菜市場只有幾十公尺路程的家門。於是，他不得不開口問人。

然而，就在他準備開口請問時，竟連門牌號碼也想不起來了，接著竟見他逢人便問：「請問，我的家在哪兒？」

路人聽見他這麼問，都以爲他腦袋有問題，紛紛躲開了他。

這時，陳景潤又想：「咦？那我的家又是誰的家呢？」數學研究慣性的反證思考，讓陳景潤聯想到了另一種發問的方式，只見他問道：「請問，陳景潤家在哪裡？」

這時，正巧有個友人走了過來，一看見朋友竟然這麼問話，不禁笑著說：「你不就是陳景潤嗎？」

於是，這個認識陳景潤也了解陳景潤，但陳景潤對他一無所知的人，像帶著小孩似地，小心翼翼地將陳景潤安全地帶回家。

等了半天，卻不見丈夫歸來的陳妻，了解丈夫的情況後，從此再也不敢讓丈夫獨自下樓了。

從那一天起，陳景潤更深埋於他的數學王國中，有人說，他很幸運，若不是他學有專長，成就非凡，怎麼可能得到這麼多人照顧，又如何能在複雜的社會中獨力生存？

不過，有人則反駁，鑽研於數學中的陳景潤，若不是思想單純，滿腦子除了數學還是數學外，又怎麼能幾十年如一日地在數字上鑽研，進而得到世所矚目的

「哥德巴赫猜想」，即後來人們統稱的「陳氏定理」。

生活中難免會有許多繁瑣的事，人生也難免會有許多慾望和期望，但是在這麼多的生活需求中，有多少人能讓每一項都圓滿達成呢？

故事中的重點並不要顛覆生活常識的認知，而是要提醒我們：「我的人生目標到底在哪裡？」

從大數學家的突發狀況中，應當另有深省，深省我們自己目前所投注的工作或夢想，是否也像陳景潤般全心全力，廢寢忘食。

看著忽然迷路的陳景潤，再看見他靠著專業能力而找到人生的出路，我們不也得到了另一種證明，證明只要我們能冷靜堅持，無論多大的阻礙，生活始終都會有出口。

每個女人都希望獲得「真心」

愛情開始時都是從最簡單的情誼開始，即使是一見鍾情，也是從靦腆單純的愛戀開始，女孩希望遇見的是一位真情人。

蘇聯作家蘇霍姆林斯基曾說：「人類的愛是心靈和肉體、智慧和思想、幸福和義務的結合。」

誠摯的愛會使人心靈純潔，愛會使人幸福，也使人充滿著牽掛。

沒有一個女人不希望被疼被愛，但是在愛情的關口，女人經常猶豫，因爲，她們無法確定對方是否眞心相待。

所以，女人的難纏絕不是故意刁難，只想求一個眞心的疼愛。

在佛羅里達州的一座圖書館內，有一本用鉛筆寫滿了批注的書，約翰．布里察從借閱卡上發現了批注者的名字叫哈里斯．瑪尼爾，是位小姐。

約翰花了不少工夫找到了她，他們也從這本書開始，通信了一年，而情感也在綠色天使的傳遞下，不知不覺地萌生了。

有一次，約翰向她要求一張照片，卻遭到拒絕，等了一年又六個月，兩個人才安排了見面的機會。

女孩對他說：「我相信你會認出我的，我的衣領上會別一朵紅玫瑰。」

約翰準時來到車站，他等這一刻等得有點心急。

這時，有位年輕小姐向約翰走過來，長得秀麗可人，金色的長髮捲在後面，天藍色的雙眼像花朵般美麗。

約翰忍不住朝她走去，完全忘記了她衣服上根本沒有玫瑰。

當約翰靠近她時，妙齡女孩低聲問：「先生，你要走這邊嗎？」

約翰幾乎不能自制地向她靠近，就在這時候，他看見哈里斯．瑪尼爾。她正好站在女孩的後方，一位看來超過四十歲，身材圓胖的婦人，破舊的帽子蓋住了灰白的頭髮，約翰一看，美好心情像從雲端跌落般，失望極了。

當妙齡女孩迅速走開之時，約翰很想追上去，但是他又很想認識那位長伴自己心靈的女人。

約翰用力地握緊了那本書，他知道，雖然這不是愛情，但是它比愛情更加珍貴，他也相信，這會比愛情更加美好。

約翰走上前，向那婦人敬禮，並遞出手中的書，不過，他總覺得自己的語氣帶著失望：「妳好，我是約翰．布里察上尉，妳是瑪尼爾小姐嗎？很高興我們能見面，我可以請妳吃晚飯嗎？」

這時，婦人親切地微笑著：「年輕人，雖然我不知道怎麼一回事，但是你剛剛遇見的那位小姐才是瑪尼爾，她請求我別上這朵玫瑰還說如果你邀請我去吃飯，便要我告訴你，她正在對街的餐廳裡等你。」

很動人的一則小故事，卻也在高潮處讓人捏把冷汗，如果約翰最後選擇了搭訕美色，那麼他不僅失去了佳人，也遺棄了自己純眞的情感。

愛情開始時都是從最簡單的情誼開始，即使是一見鍾情，也是從靦腆單純的愛戀開始。一旦約翰放棄了那位四十多歲的婦人，那麼便表示他自始至終都「別有企圖」，結局也會改寫。

女孩是聰明的，因爲她希望遇見眞誠的心靈之友，希望遇見的是一位眞情人，最後這個小測試換得的不是猜疑，而是一顆人人想要的眞心。

勇敢地表達出你的情感

試著表露你的真情吧，因為一個人最幸福的情況，是聽見最親近的人說：「我愛你！」

眞摯的愛永遠是人生中瑰麗的風景，親子之間的愛即使歷經了千萬年的風霜，也不會被歲月磨蝕。

就像蘇聯作家第拉特訶夫在《荒亂年代》裡所寫的：「人類的愛，像燒不毀的荊棘，是不會在火裡毀滅的。」

人與人之間最好的互動與交流，必須大方且持續；特別是親子間的互動，即使只有一個小小的碰觸，一個小小的拍肩安撫，親子間的情感便已濃郁得化不開了。

邁克爾的父親自從髮色變白了以後，性情比過去更加溫和、親切。

有一天，父親溫柔地對邁克爾說：「我現在才發現，我一直爲了維護自己的尊嚴與形象，把親子間的距離拉得太大了。唉！生命是如此短暫，只有將自己心中最眞實感情表達出來，才是最正確的。」

雖然父親變親切了，但是邁克爾卻還是無法表達心中那個被壓抑許久的情感，那是他很想對父親說的話。

這天，邁克爾告訴自己：「想那麼多幹什麼呢？我才不要堅持什麼男人尊嚴！」這麼一想，邁克爾立即跑回家中，走到父親的面前對他說：「爸爸，我想告訴你一件事，這是我從小到大一直很想跟您說的話。」

就在這個時候，邁克爾忽然覺得自己像個傻瓜，他想到自己都已經四十六歲了，父親也八十六歲，這時候說會不會太晚呢？

但是，話都已經衝出口了，不能再收回了吧？

於是，邁克爾吐了口氣，用力地喊：「爸爸，我愛你。」

父親聽了溫柔地看著兒子，笑著問：「你要說的事情，就是這句話嗎？我也愛你，孩子！」

邁克爾泛著淚光，情緒仍然有點激動地：「這句話我已經放在心中好幾年了，雖然寫在紙上很容易，但是，想將它說出口卻好難！」

已經爲人父的邁克爾，這時卻像個小孩一樣，父親也明白地點了點頭。邁克爾又說：「爸爸，還有一件事我很想做……」

父親點了點頭，邁克爾什麼也沒說，上前吻了父親的面頰；他的父親也以強健的手，緊緊地擁握邁克爾，嘴唇有點顫抖，眼眶泛起了滾動的淚水。父親抬起頭，看著邁克爾：「我如道你愛我，我也希望，你能經常這樣對我說，一直到我死的那一天。」

像故事中的親子互動，我們不也習慣躲在角落裡，靜靜地用眼神關愛家人？因爲，不管我們的心中有多強烈的情感想要表達，也不管我們有多渴望擁抱，總是因爲難爲情而讓情感變得冷靜或冷淡。

特別是最親密的親子間的互動，很多人連一句關心的問候，都要拐彎抹角，才有法子切入正題，只是，繞了那麼久，「愛」與「謝謝」很多時候還是沒說出口，不是嗎？

試著表露你的眞情吧，因爲一個人最幸福的情況，不是住在豪宅或坐擁金銀山，而是聽見最親近的人說：「我愛你！」

快樂工作是醫治病痛的良藥

不妨先放下手上的工作，
仔細想想你要的是什麼，
只要你一想通了就別再猶豫。

用心，便能聽見幸福的聲音

用心地感受生活每一個時刻，無論面對著什麼樣的現實，始終只看得見人生的幸福面。

哲學家歐里庇得斯曾說：「一天一天地活下去，不要求更多的東西，從而得到生活的樸素精髓，這樣的人最快樂。」

用心生活，掌握自己的心情，我們便能得輕易地獲得滿足。滿足讓我們懂得珍惜，學會了珍惜，我們便能隨時享受到生活的幸福。

在鄉下，有一對相依為命的夫妻，由於妻子耳朵聾了，無法工作賺取生活費，家裡的收入全靠丈夫一個人出去掙。

由於丈夫經常要輪班，工作時間無法像別人那樣固定，有時是凌晨時分，有時則是深夜時刻；當先生回到家時，妻子經常是熟睡的，再加上聽不見的耳朵，無論先生怎麼呼喊或敲門，妻子也不知道要幫他開門。

於是，他們兩個人想出了一個方法。

每天晚上睡前，妻子都會將一條細繩子綁在她的手腕上，而繩子的另一頭則垂到窗口外，如此一來，不管丈夫多晚回家，只要在窗口輕輕地拉一拉繩子，妻子便會醒來為他開門。

這個像是按門鈴的溝通方式，很快地成了他們生活的一部份。

然而，再好的點子也會有缺點。因為，這個秘密的溝通方式被頑皮的孩子們發現了，只要他們發現她的丈夫還未回來，深夜一到，就會來到窗口，故意地拉扯那條等待丈夫回家的繩子，為此婦人也醒來了一次又一次。

原本孩子們還以為婦人會因此而大怒，但婦人卻因為了這個惡作劇重溫了青春時期的幸福感受。

因爲，每當孩子們在夜裡將她喚醒時，她發現：「沒想到在這不同時刻裡的夜，竟然有那麼多的變化，我好像又聽見了青春時期的風聲夜語。」

婦人一次又一次地醒來，也一次又一次地迎接了和風與月光，雖然有時會被忽然落下的大雨打溼，但是她總是微笑迎接。因爲在這個時候，她再次地憶起了：「嗯，在那年這樣的風景裡，應該是那樣的聲音！」

因爲耳朵聾了，婦人與丈夫之間的溝通多了一條線，那不是拉扯而是牽繫，雖然被頑皮的孩子們拿來開玩笑，但是卻一點也無損於婦人的知足。

因爲，每一次線拉都充滿了甜蜜的期待，無論是迎接丈夫的夜歸，還是在細雨紛飛或夜風吹拂下的回味，對她來說，每一次線拉都是幸福的打擾。

在微風的吹拂下，你有什麼感受？

是像故事中的婦人一般憶起往日的幸福滋味，還是囚困於眼前的失意，忘了

曾有過的幸福味道？

回到故事中，我們也看見了婦人享受幸福的方式，因爲聽不見，所以她永遠也聽不見孩子們的嘲笑聲，更聽不見人們的是是非非；因爲聽不見，讓她更用心地感受生活每一個時刻。儘管眼前面臨著許多困境，但是她並不苦惱，反而能用更開闊的心情去面對。所以，無論她面對著什麼樣的現實，她始終只看得見人生的幸福面。

那麼，比婦人擁有還多、身體更健全的我們，爲什麼不能學學婦人，隨時拋開生活的不如意呢？

幸福要靠我們自己找尋，只要能用心體會，減輕無謂的心靈負擔，我們隨時隨地都能聽見幸福的聲音！

快樂工作是醫治病痛的良藥

不妨先放下手上的工作，仔細想想你要的是什麼，只要你一想通了就別再猶豫。

俄國作家車爾尼雪夫斯基曾說：「一切真正美好的東西，都是從奮鬥犧牲中獲得的，而美好的將來也要以同樣的方法來獲取。」

正在工作的你，有沒有一種充實快樂的感覺呢？

忙於工作的你，是不是充滿了煩躁的情緒呢？

不管你現在被哪種情緒佔據，先聽聽文學家果戈里怎麼說：「工作是醫治我病痛的重要良方，更是我快樂地享受人生的唯一方法。」

果戈里是俄國著名的劇作家，在成名之前，爲了從事最愛的文學創作，他曾經寫了封信給母親。

他寫道：「看在上帝的面子上，請母親您爲我高興吧！這份工作對我來說，是醫治一切病痛最有效，也是唯一的特效藥。在這個自然、安靜且從容的工作氣氛中，我將找到快樂的泉源！」

當母親看見兒子的這封信時，知道無法改變孩子的想法，只得答應讓他繼續實現他的夢想，因爲對她來說：「只要看見他快樂就好！」

勤奮的果戈里爲了督促自己，堅持每天都練習寫作，他說：「作家和畫家一樣，都要隨時帶著筆和紙，因爲一個畫家如果虛度了一天，沒有畫下任何一張草稿，那麼他的筆終有一天要變鈍。」

「一個作家，如果一天沒有思考，並寫下任何一段文字，那麼他也同樣虛度了一天，也將失去了創作的動力。」果戈里堅定地說。

有後進問他：「如果，連一個字也想不出來的時候該怎辦？」

果戈里笑著說：「沒關係，你只要拿起筆，把『今天我不知道要寫什麼』一遍一遍地寫下去，一直寫到你覺得厭煩時，你自然就會想創作了。」

「What You Want？」

這是一部汽車廣告裡的主題，正巧可以拿來呼應果戈里孜孜不倦的工作熱情，因爲他知道自己想要什麼，也因爲他知道自己在做什麼，所以滿腔熱情地投入工作對他來說，不僅是人生的全部，也是他享受生活的重要方式，以及維持生命的重要補給。

看著果戈里快樂的工作，相信在許多人的臉上充滿了羨慕的神情吧！

那麼，你爲什麼不快樂？

有人因爲眼前的工作不是自己想要的，有人則因爲每天抱著錯誤的態度工作，所以快樂不起來，是吧？

如果是因爲選錯了目標，那麼不妨先放下手上的工作，仔細想想你眞正要的究竟是什麼。只要你一想通了，就別再遲疑猶豫，要像果戈里一般，積極地爭取你想要的。

如果是因爲態度錯誤，那麼現在你也要先放下手上的工作，仔細想想，爲什麼別人可以快樂地工作而你卻不能？

只要能找出問題所在，並重新調整好你的工作態度，你就能像果戈里一般，充分地享受工作的樂趣。

踏實，才能讓未來更加堅實

不論我們在什麼樣的領域中實現理想，根基一定要踏實，而且還要對自己所踏出的每一個步伐負責。

作家薩帕林娜提醒我們：「只有不斷地追求探索，永遠不滿足於已經取得的成績的人，生活才是美好的，有價值的。」

人生不是追求吃喝玩樂的過程，而是自我價值的不斷提昇。

如果我們不懂得在自己專精的領域精益求精，而沉迷於物質層次的享樂，那麼生活就會變成沉重的負擔。

做自己想做的事，我們更要堅持精益求精，因為精益求精不僅能讓夢想更加

堅實，還是我們成就完美人生的重要方法。

生活十分清苦的傑克倫敦，經常連寄送稿件的郵票錢都湊不出來。雖然生活辛苦，但他仍然堅持自己的理想。爲了不讓夢想消失，他每天都努力地一字一句撰寫草稿。

他經常這麼告訴自己：「傑克，你絕不能放棄，絕對不能馬虎，你一定要對自己的未來負責！」

一天要寫一千多字的他，一個星期便安排了六天的時間在堆砌文字，留下來的一天，則是安排出外打工，以賺取基本生活費用。

雖然一天只有一千字，但是這一千字卻也經常讓他茶飯不思，甚至還曾用了近二十個鐘頭的時間來孕育靈感。

所以，每當傑克倫敦將進度完成時，總是激動地說：「花再多時間也值得，因爲這才是我想要的！」

曾經有個朋友不以爲然地問他：「你爲什麼要這麼辛苦地賺錢？每天交稿的字數那麼少怎麼行？其實你名聲那麼響亮，不論文章如何都一定會被刊登，每天再多寫幾千個字嘛！反正他們一定能接受，這樣一來，你不就能多賺點稿費了嗎？」

傑克倫敦一聽，很不高興地說：「不行，如果我只想著多賺點錢，就一定寫不出好東西。你要知道，好的作品不是隨隨便便就能從墨水瓶中流出來，好作品就像砌一面牆一樣，每塊磚都必須嚴選一番，如此才能建造出富麗且風雨不搖的房舍啊！」

《在與思想家對話》書中，有一段關於好文章的定義：「好的文章可以簡練到每個詞都能加重語氣！」

要如何達到這樣的境界？我們將目光回到傑克的身上，聽聽傑克倫敦的創作堅持，然後我們便會知道好文章之所以吸引人的原因。

從傑克倫敦的文字堅持中，你是否也看見了他的成功技巧？

方法無他，凡事精益求精就對了，因爲不論我們在什麼樣的領域中實現理想，根基一定要踏實，而且還要對自己所踏出的每一個步伐負責，一如傑克倫敦在故事中給自己的勉勵：「要對自己的未來負責！」

因爲堅持負責，也因爲背負使命，所以傑克倫敦每次完成作品後，都要被自己筆下每一個充滿生命的文字感動。

換個角度，我們轉頭看看自己一路走來累積的，面對那些已經完成的事，在你心中是否也充滿了成就感？

再跨一步，你就能看見新視野

不管眼前景況如何，都不是人生的盡頭，只要你轉換心情，積極前進，再跨一步就一定能看見全新的人生視野。

展現精采人生的機會何其多，何必執著於失意的時刻？

人生的步伐不是只有三兩步，前進時如果出現了阻礙，我們還可以大步跨越。學會放下，別再停滯於當下的挫折，因爲失意的步伐其實只有一步，只是用來考驗一個人的堅強與勇氣。

只要能積極地跨出新的步伐，我們的人生除了快意之外，還有快樂。

阿民失戀了，情緒低落的他竟心生自殺念頭。

「叮咚！」阿民打開門一看，是小離來找他。

小離一看見滿臉愁容的阿民，便說：「總歸一個『緣』字，你就別想太多了，太過勉強的情感會帶來不幸。」

「我很愛她，我眞的很愛她……」阿民失神落魄地說著。

小離看著癡情的阿民，嘆了口氣說：「我們出去走走啦！」

於是，小離拉著阿民出門，接著信步地走到遠處的一座公墓。

有點尷尬的小離與心情更加沉重的阿民，看見這個景像，兩個人同時沉默了下來，因爲他們不知道能說什麼。

忽然，小離指著遠方叫喊著：「阿民，你看！」

阿民循著小離的指引望去，是隻彩蝶！

小離興奮地說：「多麼美麗的彩蝶啊！你看，她就在那個墓碑上快樂地飛舞！

好美！」

阿民似乎沒有聽見小離的呼叫聲，只是靜靜地望著彩蝶。

突然，阿民像是發現什麼似的，整個人猛地精神了起來，而且雙眼炯炯有神地看著前方。

因為他發現：「一邊是沉靜的死寂狀態，一邊是充滿律動的蓬勃生機。仔細想想，那個沉睡的生命生前一定比彩蝶偉大，但畢竟他已經死去，再也不能像彩蝶那般，享受人間的美好。」

阿民一想到這裡，雙眼睜得更大了：「是的，沒有好好地享受活著時候的美麗，實在是生命的一大缺憾啊！我怎麼那麼笨呢！」

小離看著阿民臉上莫名其妙地變化著，還以為他正痛苦地回憶起過往，忍不住安慰著他說：「既然你連死都不在乎了，又何必擔心活著的事呢？」

阿民看著小離，沒有多說什麼，只有簡單地笑了笑，點了點頭，接著又回頭欣賞那隻讓他決定要好好活下去的彩蝶。

在死沉墓碑與活力彩蝶的鮮明對比下，聰穎的阿民領悟出生命的珍貴，面對人生中的失意與失戀，你是否也曾像阿民一般，爲了小小的失去而放棄與否定自己呢？

好好地活下去吧！當彩蝶在陽光下燦亮地展現生命活力時，我們確實也和阿民一樣，看見了生命的奇蹟和希望。

不論我們正處在什麼樣的環境，能活著就會一定會有許多機會。遇見失意的人，我們會說：「靜待苦盡甘來時！」

遇見失戀的人，我們總說：「下一個情人會更好！」

這些話看似安慰，其實是提醒人們該放下的時候就放下，凡事不可鑽牛角尖。不管眼前景況如何，這都不是人生的盡頭，只要你轉換心情，積極前進，再跨一步就一定能看見全新的人生視野。

真正的完美必須完整

學會犧牲，為多數人爭取利益，然後我們必定能發現，當大家願意利益均享時，我們所得到的好處更甚於單打獨鬥。

從藝術的眼光，我們可以這麼說，爲大多數的人爭取利益，反而更能獲得完整的利益，因爲全體可以代表個體，但個體卻不能代表全體。

換句話說，不強調突出個人，能執著於追求完整的人才能不斷進步，並成就眞正的完美與成功。

在巴黎市中心的一個交叉口上，有座法國文豪巴爾札克紀念碑的塑像，這座塑像上的巴爾札克正昂著頭、披散著髮，並以嘲笑和蔑視的目光注視著眼前的花花世界。

但是，這座莊嚴的塑像卻沒有雙手！

原來，這是雕塑家羅丹的作品，他爲了表現出《人間喜劇》的思想情感，爲了表達出巴爾札克的內心全貌，極其認眞地投入巴爾札克的世界。

塑像進行之前，委託者要求他必須在十八個月內完成，並給了他一萬法郎的定金，但是爲了爭取更多的時間製作，他退回了定金，並請求委託者再多給他一些創作時間。

雖然羅丹創作十分嚴謹，但是也不是個閉門造車的人，喜歡聆聽別人意見的他，經常在作品告一段時請朋友們來欣賞作品，並請他們提供意見。

這天深夜，羅丹終於將巴爾札克的塑像完成了，正獨自一人欣賞著這件曠日廢時的精心之作。

只見羅丹十分滿意地看著雙手疊合在胸前的巴爾札克，不久之後，忽然跳了起來，迫不急待地叫醒一名學生：「馬克，雕像已經完成了，你快來看看有什麼感覺？」

從睡夢中被喚醒的馬克揉了揉惺忪的雙眼，接著便仔細地看著巴爾札克，忽然間他眼之一亮，帶點激動地說：「老師，這實在太美了，我從來沒有見過如此生動的手啊！」

這是一句讚美的話沒錯，但是羅丹聽見這句話後的反應卻十分不自然，匆匆地跑出了工作室，又拖來了另兩名學生。

其中一位的讚美更誇張了：「這是一雙只有上帝才能創造出來的手，他們簡直像眞的一樣！」

羅丹一聽，臉拉得更沉了，似乎很不滿意這個答案，這會兒他認眞地看著另一位即將開口的學生。

「老師，你塑造出來的這雙手已足以讓您名傳千古了！」

羅丹聽見這個學生的讚美後，突然十分激動，只見他在屋內走來走去，並反覆地看著這尊雕像。

就在這個時候，他突然拿起了一把榔頭，狠狠地朝著那雙舉世無雙的完美之手敲了下去。

學生們被老師這個突如其來的舉動嚇到了，一時間全都呆住了，不知道要怎麼反應。

過了一會兒，才有學生開口問：「老師，您……」

只見羅丹微笑地說：「孩子們，這雙手很突出不是嗎？它們已經有了自己的生命，不屬於這座雕像的一部份了！」

孩子們似乎還未聽懂，只見羅丹繼續說：「你們記住，一件真正完美的藝術品，只要任何部位一拆開，永遠都比不上整體的美。」

爲什麼缺了雙手的巴爾札克雕像，在羅丹的眼中才是最完美的？完美的標準到底在哪裡？

完整，是指不突出任何單一部位；換句話說，當個人的成功不代表群體成就的時候，這樣的成功便不算成功，充其量只不過是個人表現罷了。

所以，成全完整是羅丹的完美標準，為了不讓雕像上的雙手成了雕像的唯一焦點，羅丹寧願犧牲個體以成全雕像的整體美。

看著完美雙手的破碎，我們更加明白了藝術大師塑像的眞正目標：「我要的完美包含完整！」

這個寓意深刻的故事告訴我們，不必著急於獲取個人利益。學會犧牲，為多數人爭取利益，然後我們必定能發現，當大家願意利益均享時，我們所得到的好處更甚於單打獨鬥。

如果你只有萬分之一的機會

因為「萬一」的情況不同，你可以有不同的選擇，但是無論情況如何，最終你都要忠於你的選擇，而且永不後悔！

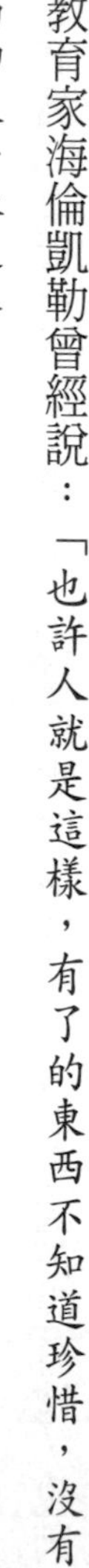

教育家海倫凱勒曾經說：「也許人就是這樣，有了的東西不知道珍惜，沒有的東西卻又一味追求。」

生活原本就在擁有與失去之間循環，只是當人們失去時，是否能積極地爭取新的東西來填補，卻是因人而異了。

隔壁住著一對十分恩愛的夫妻，先生是位國中的體育老師，大家都叫他小林老師，他的妻子小雅則是小學的音樂老師。無論在社區中或是學園內，只要人們看見他們夫妻倆走在一起的身影，總是充滿羨慕地說：「你看，他們眞是幸福！」

但是，人生似乎總避不開意外。

有一天，小林老師正在教導孩子們如何運用單槓活動時，雙手竟然沒有抓穩，當場從高高的單槓上墜落。更不幸的是，當他落地時，居然是頭部先著地，也因爲頭部的撞擊，讓他從此再也沒醒來了。

緊急送醫後，醫生當場宣佈：「對不起，雖然他的性命保住了，但由於傷及腦部，從此恐怕都要躺在床上了。」

看著原本活力十足的丈夫，如今竟成了植物人，安靜無聲地躺在床上，小雅忍不住伏在床邊哭泣。

朋友們看了都心生不忍，紛紛安慰她說：「別太難過！無論如何，妳的日子總得繼續下去！」

小雅看著友人，點了點頭，隨即擦了擦眼角的淚，接著輕輕地呼喚著：「老

公，你一定要醒來啊！」

深情的小雅辭去了工作後，從此寸步不離地守候在丈夫的身邊，她堅定地說：「我一定要等他醒來！」

只是，這一等便等了十年。

其間，醫生也曾對她說：「依林先生的情況，醒來的機會恐怕很小，妳要有心理準備。」

當然，更有親友這麼勸她：「小雅，妳別這麼傻啊！妳已經付出很多了，還是趁著年輕找個新的依靠吧！」

小雅一聽，用力地搖了搖頭，不悅地說：「你們別再說了，萬一他明天醒來呢？我們又料不準，不是嗎？」

聽見小雅這麼說，小雅的阿姨忍不住這麼回應：「是啊！妳都知道事情說不準了，那『萬一』沒醒過來呢？」

小雅生氣地說：「我不怕那個萬一，因爲，別人是擁有九千九百九十九個幸福，害怕的是那萬分之一個不幸；而我卻是相反的情況，我已經失去了九千九百九十九個幸福，如今只能苦等那個『萬一』，我只求那萬分之一的幸福能早日降臨！」

朋友們知道勸不了她，只得陪著她的癡心，一同祈禱小林能早日醒來，然而這一等又過了十年。

如今她還在等待著，看著她如此深情地守候著，親友們的心也深受感動。他們相信，終有一天，小雅會等到那萬分之一的幸福！

因爲擁有得越多，所以我們越容易忽略當下的擁有，反觀故事中的小雅，因爲失去了太多，所以她更加珍惜眼前，雖然未來不知能否達成她的期望，但是她知道：「如果我就這麼放棄了，一旦那『萬分之一的機會』發生，我一定會終生懊悔！」

現在，我們和小雅換個角色，如果你只有萬分之一的機會，你是否願意繼續爭取這微乎其微的機會呢？

人生的機會確實不多，死守著這樣未可預知的機會的確有些危險，但是，因爲個人的需要不同，價值標準不同，失去時，有些人會把失去的東西積極爭取回來，也有人寧願放棄，重新找尋新的未來。

只是在這個容易產生矛盾的情況中，我們到底該怎麼選取，其中標準界線又在哪兒呢？

標準就在故事中：「因為『萬一』的情況不同，你可以有不同的選擇，但是無論情況如何，最終你都要忠於你的選擇，而且永不後悔！」

藏在生命裡的共同記憶

曾經擁有過的幸福滋味，曾經共渡的歡樂時光，全藏在我們的記憶深處，什麼時候才會被喚起、念起？那得等到你不再汲營於眼前的生活之後。

我們和許多人有著共同的記憶，無論回憶是快樂還是悲傷，它們都將永遠埋藏在我們生命裡，直到你不再困於生活的失意，也看透了人生的悲喜，這些塵封的記憶才會重現。

已經都八十幾歲的爺爺和奶奶，同時出現了老年癡呆症的情況，他們經常一

起看著我們，卻又同時搞不清楚我們是誰。

像爺爺就經常指著小弟弟對奶奶說：「這個小孩到底是誰？怎麼一直待在我身邊啊？」

過了一會兒工夫，他們兩個人好像又同時清醒了過來，甚至開始說些只有他們知道的回憶。

你聽，奶奶現在正嘟著嘴說：「你啊，老頭子，那一年你送給我的羊皮，我早就做成了這件棉襖，你看，我穿了這麼多年都還像新的一樣！」

爺爺也不知道有沒有聽清楚奶奶說的話，但是，他仍然接口說著：「還說呢！老太婆，那天早上，妳不是給了我兩顆梅果嗎？我的天啊！我到現在還覺得牙很酸呢！」

每天，兩個老人家像似旁若無人似地，開心地重複著這幾句對白，雖然像在吵嘴，但是他們的表情卻相當幸福、祥和。

媽媽笑著向我們解釋道：「爺爺和奶奶他們還很年輕喔！他們不是老年癡呆，他們只是有些事情不想記得太清楚，現在爺爺和奶奶的記憶裡只有年輕時候的幸福景象囉！」

沒有人能理解兩位老人家的對話內容，只因那是藏在他們兩個人生命裡的共同記憶，記憶裡全是他們曾攜手走過的經歷，無論辛苦或甜蜜，箇中滋味只有他們知道。

看完兩個老人的甜蜜故事，你的心中是否也激起了不少感動漣漪呢？

曾經擁有過的幸福滋味，曾經共渡過的歡樂時光，全藏在我們的記憶深處，什麼時候才會被喚起、念起？

那得等到你不再汲營於眼前的生活之後。

因爲，當我們嚐盡了人生的起伏與失落之後，才會懂得過去曾有過的幸福是那樣的珍貴。

也才會懂得，眞正的溫暖幸福竟發生在我們人生大起大落的時刻。

不要用破壞的方式追求滿足

不必禪悟佛說，
每個人都懂得什麼是犧牲的真諦，
只要我們知道什麼叫做愛，
知道該怎麼表現心中的無私大愛。

別讓情緒性的字眼引發爭端

只要有可能觸及個人私利，我們就要小心說話，目的不只是為了保護自己，更是為了避免無謂的爭端。

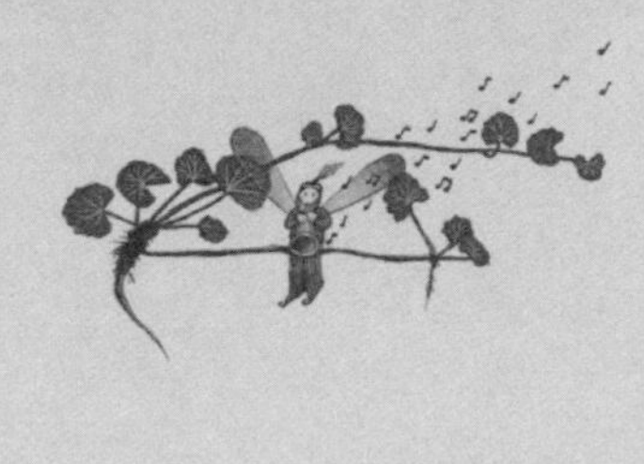

從歷史故事中，我們不難發現一句話便輕易引來烽火戰事的情況，所以發表個人意見時，要多加思索，不要誤用了一時的情緒字眼，導致不該發生的仇視與對立。

說話是維持良好人際關係的藝術之一，得體的說話方式也是一種社交禮儀，因此，說話的時候不要只想到自己而不考慮別人。

溫文儒雅的馬丁．范布倫是美國第八任總統，自年輕時期開始，便已展現出卓越的機智與吸引力。

不過，在政治活動中，他很少表達自己的意見，無論大家討論得多麼熱烈，他都只是聆聽別人的意見，而不發表自己的見解，因爲他認爲：「保留個人意見，更能聽見人們話裡的眞假。」

在公衆場合中，他儘量避開像傑克遜那樣直接，更不會像約翰．亞當斯那般思想頑固，對於他這樣「八面玲瓏」的身段，有人便嘲諷他施展是只知含糊其詞的「范布倫式的政治」。

對於人們的批評聲浪，與馬丁．范布倫極爲熟識的朋友曾這樣說：「即使身爲他最好的朋友，也不免要爲他過度謹慎小心的態度而擔心，因爲，那會讓人們誤解，以爲他缺乏政治人物應有的道德與勇氣，或質疑他無力應付各種緊急情況。」

當年，范布倫還是位參議員時，就曾在關稅問題上做出令人迷惑不解的表現。那天，他先闡述了對一般關稅的看法，最後卻讓人摸不著頭緒地宣佈：「我將支持任何適度、明智，且有益於促進國內生產的關稅法令。」

這時，有人不解地問范．布倫的朋友諾爾：「諾爾先生，他的這番話立著點在哪一邊兒啊？」

沒想到諾爾也搖了搖頭，答道：「我也在思考這個問題。」

後來，貴爲總統的范布倫在白宮招待會上接見客人時，也是賓客之一的亨利克萊對他說：「能有這麼多朋友齊聚，您一定很愉快吧！」

可是，范布倫總統卻回答：「嗯，天氣眞好。」

還有一次，有個參議員與人打賭，說他能誘使范布倫說出「肯定」的話語。只見他走到范布倫面前說：「據傳太陽是從東方升起，你認爲呢？」

誰知，范布倫卻回答：「嗯，我知道這是大家一致公認的情況，但是，我從未在黎明前起床。」

逢人只說三分，那不是因爲過分疑心，而是聰明人知道「言多必失，禍從口出」的道理，特別是像范布倫一般的從政人物，「謹言愼行」四個字對他們來說，是再重要不過的事。

其實，不是只有在政治環境要小心發言，在這個多元社會的中，不論我們身處在什麼樣的工作環境或人際關係中，只要有可能觸及個人私利，我們就要小心說話，目的不只是爲了保護自己，更是爲了避免無謂的爭端，爲了維護大多數人的生活利益。

我們都曾經有過言多必失的情況，所以看著范布倫的小心翼翼，聰明的你想必更加明白「說好話不如行好事」的處事道理吧！

分秒必爭，因為時間無法倒轉

能夠充分地利用、珍惜一分一秒的人，每一個跨出的步伐，絕對都會是成功的！

七十五歲那年，德國詩人作家歌德寫下：「我這一生確實很辛苦，即使到了今天，我仍然不知道什麼叫好日子，因為，每當我看見山上的石頭，不斷地，不斷地滾到我的面前，那迫使我必須永無止盡地將石頭往上推，總之，我必須分秒必爭！」

歌德知道時間是無法倒轉的，因而以積極進取的態度善用時間，努力寫作，終於成爲一代文豪。

據說，大文豪歌德共花了六十年的時間完成《浮士德》一書，就在完成這部經典鉅著之時，溫克爾曼曾問他：「歌德，你能不能用一兩句話，來概括全書的主旨呢？」

歌德沉默了兩秒，接著回答：「自強不息者終能得救！」

這句話是當浮士德靈魂升天時，天使傳來的話語。

非常珍惜時間的歌德，有一次對於兒子所引用的一句時間觀念十分不苟同，而狠狠地教訓了孩子一頓。

他的兒子是這麼說的：「有人說，人生只有兩分半的時間，一分鐘微笑，一分鐘嘆息，半分鐘愛戀，而人們最終將在這愛戀的時刻裡死去。」

歌德聽見兒子引用這樣的字句後，十分不悅，因爲他認爲，這段話所傳遞出來的人生態度非常不嚴謹。

於是，他寫了一段文字給兒子：「孩子，一個鐘頭約有六十分鐘，所以，一天便超過了一千分鐘，明白這個道理之後，你便可以知道，一個人能對這個世界做出多少貢獻了。」

正因爲這樣的時間觀念，讓歌德分秒必爭地工作著，直到八十四歲那年，臨死之前，仍然伏在案上寫作。

歌德曾語重心長地對他的兒子說：「孩子，你要牢牢地抓住現實生活，堅持不懈啊！無論什麼情況，無論時間多寡，生命都有著無限的價値，更是永恒世界的代表。」

能有效地管理時間，我們才能充分地運用極其有限的時間，不致於浪費了一分一秒。

就像我們都知道的，時間之輪不斷地往前轉動，然而時針與分針的挪移不是非常明顯，經常讓我們有心忽略或懶得理睬，以致於我們經常不在意，秒針積極地往前推移的微妙動作！

有一位成功的投資專家曾說：「每天比別人早起二個小時，我就比別人多了二個小時可運用。」

聽完專家如此自我鞭策時，仍然抱著「睡到自然醒」的人，不知道有沒有被刺激，並開始自我反省？

成功與時間是共生的，兩者相輔相成，不知道如何有效率地利用時間的人，成功機率自然很低。

反之，能夠放下腦中的雜思，充分地利用、珍惜一分一秒的人，每一個跨出的步伐，絕對都會是成功的！

真誠的謝意就是最好的回報

懂得什麼才叫無價的人，必定能看見隱藏的誠摯心意，從中享受到生活上真正的快樂與滿足。

無論是得到別人的幫助，還是我們伸手助人，在互助的交往過程中所激起的火花，會是暗淡無光，還是燦亮無比，全看我們用什麼樣的角度看待，又用什麼樣的心態去行動啊！

有位樂善好施的醫生，今年來到了一個極其偏遠的村落行醫。

在這個多數是貧苦人家的小村莊，醫生努力地幫深受病痛之苦的村民醫治，而且分毫未取。

其中，有位感恩圖報的村民，爲了感謝醫生的善行，花了三天時間的路程，將一捆柴挑到城裡，送給這位善良的醫師。

他激動地對醫生說：「先生，謝謝您救了我的親人，這些柴大約有一個月的量，不夠時我會再送來，謝謝您！」

醫生看見地上的大捆柴，笑著說：「好，謝謝你，不過，你以後別再送任何東西來了，因爲很多東西我是用不到的！」

村民告辭之後，有個同事忍不住笑著說：「那傢伙眞是個鄉巴佬，我們城裡哪用得著這些東西，眞是白費工了。」

醫生正感動地看著那一大捆乾柴時，竟聽見友人如此嘲諷，搖搖頭說：「他沒有白費！」

醫生說：「這是我行醫的生涯中，收到最珍貴的禮物！」

醫生泛著淚光，再對友人說：「捆在柴裡的誠意是無價的，那將是我人生中第一筆新添的無價財富。」

生活中最珍貴的東西，從來都不是金錢或物質，因爲這些可以評估辨識的物件，無論它的價格多高，始終都會有定數，這些東西與故事中醫生所收到的「感謝心意」是無法比擬的。

在一報還一報的人際規則裡，不應該抱著「還完了事」的態度，而是要有眞情待人的感恩心。畢竟，當人們也以一種「還完了事」的態度時，我們不僅感受不到對方感謝的誠意，更會因爲金錢或物質的回報，讓原本蘊涵在交流過程中的情感，慢慢地逝去。

所謂「千里送鵝毛，禮輕情義重」，一捆柴看起來也許寒酸微薄，然而就像故事中的醫生，懂得什麼才叫無價的人，必定能看見隱藏於木柴裡的誠摯心意，從中享受到生活上眞正的快樂與滿足。

不要用破壞的方式追求滿足

不必禪悟佛說，每個人都懂得什麼是犧牲的真諦，只要我們知道什麼叫做愛，知道該怎麼表現心中的無私大愛。

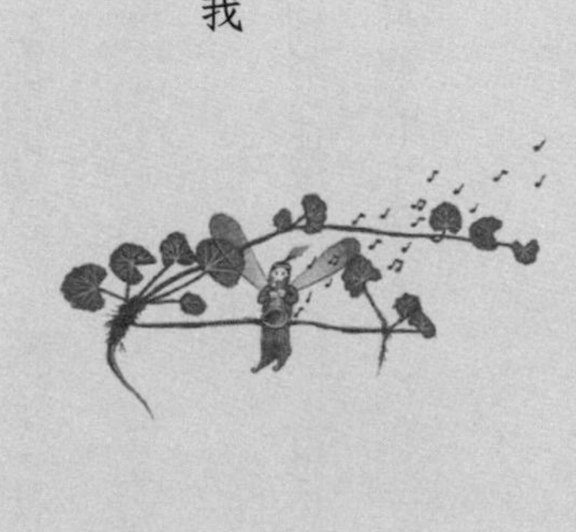

也許因爲人類太過聰明了，以致於我們經常用破壞的方式來滿足自己，更忘了與我們身邊息息相關的一切和平共處。

當臭氧層越破越大，當地球溫室效應越來越劇，當人們越來越無法適應環境時，我們是否應該認眞思考，放下心頭沈重的慾念，從萬物仍然努力執行的自然定律中，重建我們的生活態度呢？

「象腳花瓶」出自於一個世界著名的獵人之手。

那年，這個獵人來到象群們必經的原野上狩獵，當時他看見了一對母子象，正在原野上漫步步。

他鎖定了母象，先是開了一槍，沒想到竟沒有射中，反而驚動了象群，只見這對母象和小象，忽然慌張地奔逃起來。

但就在這個時候，獵人發現母象的速度變慢了，於是再次瞄準目標，又補了一槍。就在母象倒下之前，獵人這才發現，原來母象之所以速度變慢，竟是爲了小象，因爲牠的孩子還小跑不快，而先前的吼叫聲，似乎是催促著：「孩子，快跑啊！你不要管我，快跑，不要停下來，快……」

不久，獵人還看見了更令人動容的一幕。

小象發現母親中彈了，著急地跑回到母親身邊，沒想到就在這個時候，母象實在支持不住了，「轟」地一聲倒下，壓倒正巧奔回母親身邊的小象。

「嘶……」母象與小象同時嘶叫了一聲，像似相互安慰的聲音。那像是母象安慰著小象：「孩子，媽媽會保護你的！」更像是小象安慰著母象：「媽媽，我來陪伴妳了！」

塵土揚起，大小象同時倒下、死去，獵人看著這份情深義重的親情畫面，忍不住低下了頭，因爲他深感無顏面對。

獵人將這對大小象帶了回去，小心翼翼地將母象製成美麗標本，栩栩如生有如生命重現。

至於小象，因爲在母親重壓下，幾乎面目全非，只剩小象腳是完整的，於是獵人小心翼翼地將象腳保留，並將它製作成美麗的「象腳花瓶」。

從此，獵人再也不打獵了，據說在他死後，家人幾乎將他的收藏全部販售，唯獨這只「象腳花瓶」留了下來。

因爲，他在遺囑中特別指定：「這只象腳花瓶是無價之寶，我要你們捐給博物館，並讓世人們明白這只象腳花瓶中深蘊的涵義。」

其實，不必禪悟佛說，每個人都懂得什麼是犧牲的眞諦，只要我們知道什麼叫做愛；一如故事中的大象與小象，因爲親情的緣故，牠們知道該怎麼表現心中的無私大愛。

從母象的呵護中，我們看見了小象的關愛回眸，也領悟出必然存在於萬物情感裡的自然親情，一如人們常說的「養育」與「反哺」的自然關係。

母象倒下的那一幕，不僅震撼了讀者的心，更激起了獵人的惻隱之心，從中我們也看見了他對生命的深省：「生命是無價的，動物不應是人類的寵物或獵物，牠們和人類一樣皆屬天地萬物的一份子，牠們和人類一同站立在同等的生命起源與地位，疼惜牠們，也等於珍惜我們自己！」

善意的謊言也能成就幸福

為了讓生活更加祥和且溫馨，在適當的時候編織些美麗謊言，不僅能促進社會和諧，更能讓每一個人品嚐到幸福的滋味。

美麗的謊言大致可以分爲兩種，一種是別有居心的蓄意欺瞞，一種是本意善良的暫時隱瞞。

至於人們經常運用的是哪一項，我們最佳辨別的方式，就是仔細聆聽發言者的言詞，是否充滿了對社會、對你我的眞心關懷。

有個極爲孝順的男子，聽見他雙目失明的母親說：「如果可以的話，我實在很想看一眼你們說的花花世界。」

男子聽見母親這麼說，決心要讓母親的雙眼復明。

從此，男子上山下海，遍尋衆人公認的名醫，幾年下來，他背著母親，訪遍了各地名醫，更造訪過各個傳說中懂得秘方的江湖密醫，甚至連鬼神巫術等方法他們都嘗試過。

但是，無論他怎麼努力，母親的雙眼仍然一片黑暗。

不過，這個孝子一點也不氣餒，當他聽說，遠方的一座雪山山巔有個天池，具有神奇的功效，心想或許那正是可以讓瞎眼復明的聖水。

於是，男子背起了母親，往他們希望的目標前進。

也不知道走了多久，他們歷經了千辛萬苦，終於來到了雪山的山峰。

然而，就在他們即將來到天池邊時，男子忽然倒了下來，只見他氣息奄奄地趴在地上，努力地想再將母親背起，繼續前進。

忽然，他模糊地聽見母親激動地呼叫著：「我看見了，這山好高啊！你看，

那天池好美啊！水是那樣的清澈，孩子，你看見了嗎？」

男子聽見母親這麼呼喊著，激動地掉下了淚，用力地支持起身子，看了母親一眼，接著便倒下了。

男子安心地閉上了雙眼，因爲在那一瞬間，他看見了母親的笑容，最終帶著滿臉的幸福與感動，永遠地睡去。

在此同時，母親再沒有聽見兒子的聲音，只見她輕輕地撫著兒子的頭，淚水緩緩地滑下。

在一片黑暗中，老母親伏在兒子的身上，靜靜地闔上了雙眼。

也許，有人認爲那只是個善意的謊言，但換個角度看，能夠成全一個幸福的結果，謊言其實也算是眞話了。

因爲，趴負在男子身上的母親，已感受到兒子的愛與疼惜，她在黑暗中，用心看見了瑰麗的風景。

看著故事中的主角雙雙闔眼，沒有傷感的情緒，只有令人會心微笑的幸福感，這也是在激烈競爭的工商社會裡所缺乏的精神，一種處處爲對方著想的體諒與關心。

其實，只要出發點善良，只要是爲了讓生活更加祥和且溫馨，在適當的時候編織些美麗謊言，不僅能促進社會和諧，更能讓每一個人品嚐到幸福的滋味，那不是很好嗎？

生命力隨時都能重現

不論阻礙多麼巨大，也不管環境多麼惡劣，只要不放棄，我們必定能發現生機，一定能看到充滿希望的明天。

無論生活多麼平順，每個人都一定會遇到挫折。

在這些大小不一的困難中，只要我們不放棄，生命力量會隨時展現，支持著我們等待良機，並盡力協助我們克服萬難，好讓生命之光重現。

那年，爲了重整倫敦的市容，並開闢新的街道以利市景，倫敦開始提出計劃，

也準備拆除許多老舊的房屋。

然而，日子一天又過了一天，新道路不僅遲遲沒有動工，已收購的舊樓房更是像廢墟般閒置在原地，經過長時間的風吹雨淋，這個角落像是被遺忘似地，早已失去了生氣，連住在附近的人們，也寧可繞道而行，不願再踏進這塊廢棄的土地。

直到有一天，有一群生物學家來到了這裡。他們發現，這片多年荒廢的地區，竟然已發展出一個自然天地，滿地的野花與野草正生氣盎然地搖曳著。

更令人驚訝的是，在這堆花草中，有許多花草竟是他們在英國從未見過的，那些通常只生長在地中海沿岸的花草，如今竟在倫敦的一角滋生。

於是，生物學家們開始研究，這些花草爲什麼能出現在這裡；很快地，他們找到答案了，一切竟緣於這些已經倒塌的樓房。

原來，這些樓房大都是古代古羅馬人沿著泰晤士河攻進後建造的，而那些花草種籽也在當時同時引進。

只是，它們長久被壓在沉重的石磚底下，無緣接受日光雨露的照料，因而阻礙了它們的生長空間，直到房舍倒塌後，部份磚瓦被搬移，深埋在房屋底下的種籽，終於重見天日，並展開了堅韌的生命力。

看著從瓦礫堆中積極重生的小花，我們也看見了生命的無限可能。人不也應該如此？我們要怎麼樣從挫折中發現出頭伸展的縫隙，那始終都得靠我們自己去找尋啊！

靜心地閱讀著這篇短文，我們發現，陽光、空氣、水竟不是種籽最重要的生長助力，最重要的滋養力量源於它自己，這也說明了，無論生命本身多麼脆弱，萬物始終都存有著絕對的生命韌性。

從中我們也領悟到，不論阻礙多麼巨大，也不管環境多麼惡劣，只要不放棄，我們必定能發現生機，只要能像故事中的小花小草堅強等待，我們都一定能看到充滿希望的明天。

行動後自然能找到方向

沒有行動就沒有方向可言，無論我們腦海中的座標如何清晰，沒有實際向前划行的動作，終將被浪潮沖往更遠的孤島。

別讓完整的未來計劃空轉，你看，每個人一開始的目標不是都一樣嗎？但爲什麼最後的結果會有如此大的差異呢？

那是因爲，當開始「行動」的人積極前行，只流於「空想」的人仍然在原地踏步，結果當然會出現極大的差異了。

這天，漁民們一如往常地將漁網撒下，然後靜靜地等待豐收時刻。

過了一會兒，他們用力地拉起了漁網，沒想到一隻魚也沒有捕到，只捕到了一只玻璃瓶子。

有位漁民氣憤地說：「又是垃圾，現在的人怎麼這麼沒有公德心！」

只見另一位漁夫彎下了腰，仔細地看了瓶子，忽然對其他人說：「咦？瓶子裡似乎有東西！」

於是，他拿起了瓶子，並將瓶子裡的「紙張」拿了出來。

他打開了紙張，接著一字一字地唸給大家聽：「有誰來救救我啊！我困在這裡，大浪將我沖到了一個無人島上，我現在站在岸邊，等著人們來救救我，請你們看見這張紙後，快來救我啊！我在這裡！」

有位漁夫聽完後說：「上面沒有日期，現在去救他，大概來不及了吧！我認爲這個瓶子可能在海上漂流了夠久了。」

另一個漁夫也說：「是啊，地點沒標明，我們怎麼知道哪個海洋啊！」

而讀求救信的這位漁夫則說：「我想，應該不會太遲也不會很遠，因爲海洋上到處都有名叫『這裡』的小島啊！我們快點想一想。」

幾個漁夫仔細地望著大海，認眞地想了又想，但是他們怎麼也想不出來，無人島到底在何方。

從漁夫們的冷漠態度中，我們很快地便被導向現代社會來深思，因爲關於人與人之間的冷漠，不也經常發生在你我的身上？

看著漁民們一人一句，竟然不是在討論怎麼展開救人的行動，而是推託「不知道」小島的方向，甚至最終因爲「想不出」該從哪個方向前進，而放棄了救援行動，於是，我們也看見人們「事不關己」的冷漠慣性。

到底小島的方向在哪裡？到底我們應該用什麼樣的方法或姿態，伸出援手？意外發生時，在我們心中所盤繞著的，到底是什麼樣的態度呢？

就像故事中的漁夫們，他們一定知道海洋上有哪些無人島，只是他們想不想行動罷了，就像我們遇見「與我無關」的意外時，多數人都抱著「別多管閒事」

的態度，因爲現實社會中，多數人凡事都從「自己」出發，讓現代人越來越發冷漠自私。

小島的方向眞的找不到嗎？

其實，答案是否肯定，在每個人的心中早已有譜，只是深入故事中的寓意，即使答案已經決定，我們不妨再次深省，從「光說不作」中找出的答案，眞的會得到最正確與最好的結果嗎？

沒有行動就沒有方向可言，無論我們腦海中的座標如何清晰，沒有實際向前划行的動作，終將被浪潮沖往更遠的孤島。

把握稍縱即逝的幸福滋味

幸福就在我們的身邊，
微風也經常輕拂著街邊的樹梢，
或輕輕撥落枯葉，
為街景與你我增添幾許幸福與浪漫。

主動出擊，才能搶得先機

愛情和事業的成功道理均同，只要你用心，比別人更勤奮不懈，再冷若冰霜的人都會被你感動。

英國政治家迪斯雷利曾說：「如果不知道自己想要什麼，就不會有機會，只有知道自己想要什麼，知道什麼才適合自己，才會看到機會。」想要獲得成功，必須發揮自己的優勢，而不是複製別人的成功模式。如果你不知道自己想要什麼，即使機會從你面前走過，你也不懂得適時掌握。

生活中，有許多道理都是相通的，愛情的執著力量適用於工作之中，而努力不懈的工作態度，也可以用在你追求愛情的行動上！

只要用心，愛情會開花，事業也會有好結果。

班哲明是個工程師，雖然內心很希望有個女孩相伴，但心思還是比較偏重於工作上。

這天，他一進公司便聽見：「星期六有位美女要來啊！聽說，她是老闆娘的妹妹，年輕、單身、美麗。」

有人拿到一張她的照片，每個人一看見那張照片，都不禁發出讚嘆聲，班哲明忍不住搖了搖頭，笑他們的愚昧。

「你看一下啦！你看了之後，給我們一些意見，或者告訴我們你對她沒興趣。」不管同事們怎麼慫恿，班哲明還是搖搖頭走開了。

這些男人不管班哲明，紛紛開始討論要如何贏得佳人的青睞。

星期五傍晚，當其他人認真地打扮自己時，班哲明則悠閒地坐在椅子上看書。

忽然，他看見地上有個東西，不經意地撿了起來。

「原來是那個女孩！」

班哲明看到照片時也動心了，因爲照片上的女孩眞的很迷人，很難不對她動心，忽然，他意識到一件事：「這裡有一大票勁敵。」

於是，他靜靜地提起了背包，奔出門口。

第二天清早，許多男人們都聚集在火車站前，當然，女孩的家人也到那兒接她。當女孩踏入月台時，所有追求者都發出了一聲嘆息，因爲，她比照片更漂亮，但很快的他們即陷入絕望中，因爲，一個男子親密地扶著她的手，不時與她低語，那個男子正是班哲明。

朋友事後問他：「你怎麼辦到的？」

班哲明笑著說：「如果要她注意到我，我就得先到她那兒去！所以，我走到前一站搭車，並在車上先自我介紹，我告訴她，我是迎接她來到新公司的歡迎團員之一。」

有人懷疑地問：「車站離這兒有三十公里，你該不會走了三十公里的路，那得走一整夜啊！」

班哲明點了點頭：「是一整夜沒錯！」

美國作家巴斯卡．里雅在《愛和生活》裡說：「人的潛能是無窮的，人的發展也是沒有止境的，每一個人天生都是偉大的創造者。」

是的，不管在事業上或愛情上，每個人都要善用自己的潛能，讓它發揮更積極、更澎湃的創造力量！

班哲明被照片中的佳人深深地吸引住時，並沒有跟著大家在鏡子前仔細打扮，而是提早一步，用行動積極爭取他的美麗佳人。

這也難怪班哲明成功地獲得佳人青睞，如果遇到這種狀況的人是你，你會怎麼捉住你的愛情？

愛情和事業的成功道理均同，只要你用心，比別人更勤奮不懈，再冷若冰霜的人都會被你感動；即使情敵再多，只要你情意真誠，時間仍然會把愛人的心帶到你身邊。

把握稍縱即逝的幸福滋味

幸福就在我們的身邊，微風也經常輕拂著街邊的樹梢，或輕輕撥落枯葉，為街景與你我增添幾許幸福與浪漫。

所謂的幸福，是相對於痛苦的一種心靈感受。幸福其實無所不在，我們之所以覺得痛苦，覺得不快樂，是因爲我們不懂得用湛然純眞的心情去欣賞大自然的恩賜。

天地自然的單純與眞實，是上天賦予人類最重要的生活資源，這些也是習慣了矯飾與僞裝的人們，最欣羡的自然美。

林德斯佳看了一眼廚房的掛鐘，心想：「如果再快一點兒的話，也許能在老公回家前把衣服熨好。」

她停了一下，擦擦臉上的汗水，因爲今年的四月比往年更燥熱，也使人更容易心情煩躁。

當林德斯佳俯下身，從籃子裡拎起一件襯衣時，聽見蒂姆在門口大聲地喊叫著：「媽媽，快來呀！」

林德斯佳聽見蒂姆急切的叫喊聲，便立刻拔下熨斗上的插頭，快步奔了出去，只見蒂姆站在台階上，手指含在嘴裡。

看上去，顯然沒有什麼急事，林德斯佳不解地問兒子：「什麼事？你不知道我正在忙嗎？」

蒂姆拉著媽媽，低聲地說：「媽咪妳聽，那是什麼聲音？」

不一會兒，林德斯佳也聽到一個模糊的聲音，那是從樹林中慢慢傳過來的。

突然，她聽清楚了：「那是雨啊！兒子。」

忽然間，林德斯佳整個人因為這個雨聲而輕鬆了起來，相當開心地說：「蒂姆，雨來了！」

話才剛說完，驟雨已毫不客氣的傾盆而下。

林德斯佳抱起了蒂姆，一起聆聽著那雨點落下的劈啪聲，看著院子裡積聚著的雨水，她忍不住丟掉鞋子，抱著兒子一起光著腳，在雨中踩踏。

「好舒服喔！對不對？孩子，多麼涼爽、新鮮啊！」

第一次看見雨滴由遠至近地出現，也第一次在這麼酷熱的氣候中，等到雨水的澆淋，這些第一次，讓林德斯佳有著前所未有的感受，當然也包括與兒子共享的雨中即景！

過了好多年，那天傍晚的快樂還是深刻地留在她的心裡，那是林德斯佳最難忘的記憶。那蒂姆呢？

他長大了，也離開了家鄉，不過，每當他回到家中，幫助整理院子的雜草時，他都會小心翼翼地維護那些經過春雨滋潤的紫羅蘭。

燥熱的午后下雨了，你是否也會像林德斯佳一樣，放下手邊的工作，觀賞片刻的雨中即景？

如果你是喜歡大自然的人，不必等到休假的時候，才到森林或海邊享受大自然的美麗，因爲，自然一直在我們的身邊，只是我們沒有隨時準備好享受自然的「好心情」。

就像林德斯佳一樣，如果當時她只想著早點把工作做完，不去理會兒子的驚呼與發現，並放下工作與兒子雨中嬉戲，也許她就不會有這麼一個難忘的幸福感覺，不是嗎？

其實，幸福就在我們的身邊，微風也經常輕拂著街邊的樹梢，或輕輕撥落枯葉，爲街景與你我增添幾許幸福與浪漫。

好好地享受你的生活

東西買了就用，特別是那些美麗華貴的器具，我們買來的目的不就是為了增添生活情趣，讓生活更美麗嗎？

人生是快樂的，或是痛苦的，關鍵往往在於心態。只要能換個心情看事情，好好享受自己的生活，善待出現在生命中的每一個人，就可以讓自己的人生變得更加精采。

如果你各有一套一千塊和五十塊的杯組，在日常生活中，你會挑選哪一個來用？再者，如果今天友人來訪，你又會拿出哪一套來使用呢？

認眞地想一想，因爲答案代表著，你是否懂得如何享受生活。

貝蒂的母親每天都會請她做一件事：「孩子，去把那些美麗的瓷器拿出來，整齊地放在餐桌上吧！」

有一天黃昏，貝蒂正在佈置餐桌時，瑪姬忽然來訪。

瑪姬敲了敲門，便走了進來，當她看見貝蒂家的餐桌佈置得這麼雅緻，忍不住問：「妳們有客人來吧？那我等會兒再來好了。」

貝蒂的母親連忙說：「沒有，我們今天沒有客人。」

這會，瑪姬有點困惑了，問道：「沒有客人？那麼妳們怎麼把最好的瓷器全擺出來了呢？像這樣的餐具，我家每年只拿出來兩次。」

貝蒂的母親笑著說：「喔！因爲我正在準備家人最喜歡吃的菜。試問，如果妳願意爲客人特別佈置餐桌，那爲什麼不爲自己的家人這樣做呢？我認爲他們比任何客人都要特別，而且重要，不是嗎？」

瑪姬似乎還是不大明白：「這樣說是沒錯，但是，萬一這些漂亮的瓷器打破的話……」

貝蒂的母親立即接口說：「喔！即使打破了也沒關係啊！妳想想，那些瓷器跟一家人聚餐比較，哪一個珍貴呢？再想想，能夠使用這些可愛的碟子進餐，不是很幸福快樂嗎？」

頓了一下，貝蒂的母親又說：「有裂痕也不錯呢！因爲，每個裂痕都會有一個故事，不是嗎？」

貝蒂也笑著要媽媽說故事，拿出一個碎裂後又一塊一塊地拼回的盤子，在那些參差不齊的接合處，還留有著膠水凝固的痕跡。

母親看著貝蒂，點了點頭說：「妳看這個盤子，那是當年我們把小兒子馬克從醫院帶回家那天打破的。那天很冷，風很大，六歲的貝蒂想幫忙把這個盤子拿到洗碗槽，卻不小心掉到地上了。當時我嚇了一跳，但是我告訴自己：『這只是個盤子，我不可以讓一個破盤子，影響我們家迎接新生兒的快樂。』我還記得，那一天全家人用膠水努力地將它拼起來時的氣氛，是那樣的有趣、愉快！」

看著貝蒂家的生活態度，你是否也決定了，等會兒立即拿出收藏已久的珍貴器皿，享受一個華貴的生活呢？

相信你也曾經這麼說：「這件衣服我買了快一萬塊耶！我一定要珍惜，穿上它參加特殊宴會。」

但是，所謂的特殊宴會往往好幾年才遇見一次，幾年過後，不是這件衣服泛黃變舊了，就是因爲你的身材已經變樣，最後連穿的機會也沒有，更別提享受美麗的時刻。

你是否也是如此呢？

不如學習貝蒂家的生活態度吧！東西買了就用，特別是那些美麗華貴的器具，我們買來的目的不就是爲了增添生活情趣，讓生活更美麗嗎？

愛他就不應該有猜疑

給至親的人多一點信心與信任感吧！因為，如果連夫妻之間都溝通不良的話，我們的人際關係恐怕也要不及格了。

心靈的感受中，比痛苦更糟糕的事情是猜疑，就像培根所說的：「心思中的猜疑猶如蝙蝠，永遠在昏暗中飛行。」

因爲不信任對方，人與人之間經常發生著猜疑，一旦溝通不良，最後將導致誤會，甚至仇懟。

奧雷特在起居室裡伸展了一下，接著便順手拿起一封信拆開，那是一張百貨商店寄來的帳單，裡面寫著「一百七十五美元」。

奧雷特大吃一驚：「他們一定弄錯了，我們從來都沒有花這麼多錢，況且我們爲了買下這幢房子，正努力地節省每一分錢。」

「珍妮特！」奧雷特大聲地喊著：「妳快來看，百貨商店肯定搞錯了，他們居然寄了一張一百七十五美元的帳單來，明天妳能不能打個電話去問一下到底是什麼情況？」

珍妮特聽見老公這麼喊著，慢慢地放下雜誌，呆呆地看著奧雷特。

這時，奧雷特也意識到，這筆錢原來不是百貨公司弄錯了，問道：「妳怎麼不跟我商量就花了一百七十五美元？」

珍妮特勉強笑了笑：「我拿我自己的薪水付。」

「付什麼？」這是奧雷特最想知道的。

這時，珍妮特有點微慍地回答說：「我不想告訴你，那只不過是我自己想買的一些東西。」

奧雷特也發火了：「快說，這張帳單到底買了什麼？我有權知道！」

珍妮特吐了口氣，安撫著老公：「別這樣，這幾個星期你太勞累了，別想那麼多事情。」

沒想到奧雷特一點也不領情，他又問：「妳拒絕回答嗎？」

「嫁給你，並不意味著我不能有自己的私事。」珍妮特訥訥地說。

這時，奧雷特忽然想起了那條「貂皮圍巾」，因為一個月前，珍妮特曾經嚷過要買那條圍巾。

奧雷特這麼一想，更加生氣：「我知道妳買什麼了，妳就只想著自己，根本不考慮我們的共同利益！我一直以為妳是個好妻子，今天我才知道，妳和那些亂花錢的女人根本沒兩樣！」

珍妮特從床上跳下來，瞪大了眼問：「你是這樣看我的嗎？」

「沒錯！」珍妮特的問話使奧雷特更加惱怒，勃然大怒地說：「我真後悔沒有早一點知道這點。」

珍妮特失望地說：「你知道自己在說什麼嗎？你連結婚意味著什麼也不懂，

眞該好好地反省一下。我要回娘家去，再也不想見到你了！」

怒火中燒的奧雷特，立即回應道：「好，如果妳連坦誠都做不到的話，那就隨妳去好了。」

第二天，上班的時候，有個同事笑著對奧雷特說：「奧雷特，你從前常打高爾夫球，不是嗎？」

奧雷特悶悶地點了點頭說：「是啊！」

於是同事便邀他一起去打球，他想：「也好，這樣能減少一些懊惱。」

下午奧雷特買了球和球桿回家練習，回到家中練球時，有一顆球忽然滾進了臥室，正巧溜進了珍妮特的壁櫥。

當他跪在地上尋找時，忽然碰到了一只沉重的箱子，他拉出來打開一看，沒想到卻大吃一驚。

這是他夢寐已久的高爾夫球組啊！

就在此刻，奧雷特想起來了，下個星期二是他們的結婚週年紀念日，而珍妮特總是喜歡給人意外驚喜……

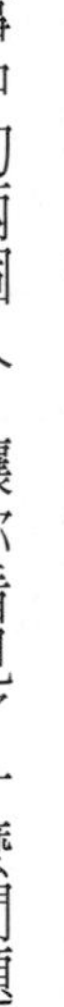

故事中的兩個人，讓你看見了什麼問題呢？

曾經有位社會系教授指出，當社會發展中充斥著對人的不信任感時，將會助長偷窺慾的發生。

當人們越來越注重對人的防備，無形中也醜化了人性中的良善本質，於是人性的醜惡面被強化了，人與人之間的猜疑也變得越來越多。

其實，許多夫妻都像奧雷特與珍妮特一樣，因爲一個小猜疑，因爲沒有好好地溝通，最後讓夫妻間的感情亮起了紅燈，最後形成破碎的家庭。

爲什麼不坐下來，好好地聊一聊呢？

給至親的人多一點信心與信任感吧！因爲，如果連夫妻之間都溝通不良的話，我們的人際關係恐怕也要不及格了。

充滿自信就會迷人

還在尋找美麗的你，不妨仔細地看著鏡中的自己，並輕輕地給自己一個微笑，和別人一起分享你的自信風采。

現實生活中最可憐的人，無疑就是那些對自己的外貌缺乏信心，習慣用世俗的審美眼光看自己的人。

美與醜並沒有具體的標準，美麗是一種結合視覺與心靈的感受，真正懂得欣賞美麗的人，只想看見「讓人舒服的感覺」，以及從對方身上散發出來的那股自信美！

在艾麗絲的眼前出現了一些絲帶，上面附了一個牌子：「這裡什麼顏色都有，不妨挑一個適合你個性的顏色吧！」

艾麗絲猶豫地站了一會，這時店裡的售貨員走了出來：「親愛的，這個絲帶非常適合妳啊！」

「對不起，我媽媽不會允許我戴的。」艾麗斯回答道，但是她卻被一條綠色的緞帶吸引住了。

女售貨員聽了這話，嘆息著：「孩子，妳有這麼美麗金髮，戴上它一定非常好看。」

因爲售貨員的這幾句話，艾麗絲忍不住拿下一個蝴蝶結試戴。

這時，女售貨員建議她：「親愛的，把蝴蝶結綁前面一點，記住，如果妳戴上它時，妳就要明顯地表現出來，因爲沒有人比妳更適合戴它，來，勇敢地抬起頭來。」

艾麗絲照著售貨員的話，又重新戴了一次，售貨員笑著說：「很好，妳看，妳是多迷人啊！」

「那，我想買它。」艾麗絲小聲地說。

「孩子，相信妳是最迷人的，知道嗎？」售貨員繼續說。

艾麗絲點了點頭，但是，她卻為了第一次獨自購物而顯得心慌，只見她立即奔出了門口，還差點在門口轉角撞了人。

忽然，她發現有人在後面追她，心想：「不會是為了這條緞帶吧？」

她看看四周，只聽到有人在喊她，卻不見人影，嚇得她拔腿就跑，直到另一條街區才停下了來。

這時，她來到了卡森雜貨店門口，也看見人見人愛的伯特，正酷酷地坐在哪兒，艾麗絲到另一端坐下，這時，她感覺到伯特正在看她。

艾麗絲想起了售貨員的話，忍不住挺地了身子，抬起頭向伯特微笑。

「嗨，艾麗絲！」伯特向她打了個招呼。

艾麗絲裝出吃驚的模樣：「嗨！伯特，你在這兒多久了啊？」

伯特笑著說：「快一輩子了，因為我在等妳。」

艾麗絲一聽，笑了出來，認為是頭上的緞帶給了她風采，於是開心地說：「真的嗎？」

不一會兒，伯特來到她身邊，因爲他剛剛才注意到她有著明顯的不同：「妳的髮型有點不同？」

艾麗絲問：「你只注意到這個嗎？」

伯特笑著說：「不是，因爲妳抬起頭時，似乎要我對妳注意一下，看看妳有什麼不同。」

艾麗絲臉紅地說：「我沒有啊？」

伯特道歉地說：「其實，是我喜歡看到妳抬起頭的樣子。」

接下來發生的事，完全令艾麗絲不敢相信，因爲萬人迷的伯特居然邀她跳舞，而且還主動送她回家。

回到家裡，艾麗絲立即站在鏡子前面，想好好地欣賞自己戴著綠色緞帶時的樣子，但是，令她驚奇的是，在她的頭上居然什麼都沒有。

原來，在她衝出門口，差點撞倒人時，綠色緞帶早已經掉了。

關於「美麗」，有位作家曾說：「給自己一個接近『完美的期許』，但是不要給自己一個『完美的絕望』。」

這是因為，帶著「期許」的人會充滿朝氣對自己說：「有一天，我會成為世界上最美麗的人！」

在這個期許中，他們會積極地加入自信，就像艾麗絲遇見伯特後的「信心大增」，因為無形髮帶所激起的自信美，讓她散發出迷人的風采。

至於「絕望」的人，他們只會對著鏡中的自己說：「唉！為什麼我長得這麼醜？為什麼他長得這麼漂亮？」因為絕望，因為討厭自己的外貌，他們不僅否定了自己，更讓自卑孳生，總是壓低了頭，放棄了自己。

所以，還在尋找美麗的你，不妨仔細地看著鏡中的自己，並輕輕地給自己一個微笑。如果你的感覺很舒服，又發現臉上的小缺點其實蠻可愛的話，那麼請帶著這個微笑出門，和別人一起分享你的自信風采。

幸福就是最好的禮物

我們是否牽掛及在乎身邊的人呢？與其收到行事例上被迫記憶的禮物，不如期待他們時刻將你掛在心上，不是嗎？

德國作家海澤在《台伯河畔》一書中寫道：「人們相互希望得到越多，想要給予對方的越多，就必定越親密。」

這段話提醒我們，親愛的家人之間，相互期望越高，惦記越多，給予越多，彼此的感情就會越濃厚。

如果只能選擇一項，你希望水果盤上盛出來的，是滿盤敷衍的珠寶，還是一盤親手燉煮的幸福簡餐？

經常買禮物給老婆的科爾，原本不打算再送老婆任何禮物了，但是當他看見這個玻璃水果盤，卻忍不住多看了幾眼：「這水果盤眞漂亮！」

當售貨員問他：「要不要看看這個水果盤呢？」

科爾這才突然想起，自己身上的錢不多，連忙抱歉地說：「今天不買了，謝謝，下次吧！」

第二天早上，科爾準備出門上班時，發現老婆大人似乎有些心事。

科爾擔心地問：「老婆，妳是不是不舒服？」

科拉搖搖頭：「我沒事，快上班去吧！」

雖然科拉說沒事，但是疼老婆的科爾，卻覺得老婆有事瞞著他。

只是，到底是什麼事情呢？

科爾望著車窗外，心裡想著：「是不是我說錯話了？如果她不喜歡，平常都會說出來的，會是什麼事呢？」

掛心了一天，下班時，科爾又經過了昨天的商店，這時他想起那個水果盤：「相信老婆看到了它，不管什麼煩惱都會忘了。」

於是，科爾走進店裡，買下了美麗的水果盤。

一如科爾所預期的，當科拉打開紙盒，看到美麗的水果盤時高興得叫了出來。科拉感動地說：「我還以為你忘了。」

「忘了？」科爾小聲地自問。

完全沉醉在老公的禮物中的科拉，繼續說：「看來，你比我記得更清楚。早上我看見你態度那麼冷淡，還以為你忘了，這讓我有點傷心。現在我才知道，原來你是在捉弄我。」

「今天究竟是什麼日子？」科爾內心不斷想著，表面上還是用傻笑來回應老婆的「誤會」。

科拉開心地說：「眞好看，這是我見過的最漂亮的水果盤，能在結婚週年收到這樣的禮物，我眞的好幸福！」

科爾一聽，這才恍然大悟，他迎接著老婆的吻，心中卻惱著自己：「原來今天是結婚五週年的日子，我怎麼這麼大意？還好我買了這個水果盤！」

科爾因爲老婆的心情不佳，而惦掛了一天，我們便可以大膽預料：「科拉會是個永遠幸福的女人！」

其實，科拉可以不必在意那些紀念日，不過從故事中，我們可以看見科爾的心思：「只要老婆開心，每天都是最重要的日子。」

再轉身回來，看看我們自己，看看身邊的他，捫心自問是否也如此牽掛及在乎身邊的人呢？

其實，與其收到行事例上被迫記憶的禮物，不如期待他們時時刻刻將你掛在心上，不是嗎？

成功之時，也有可能是失敗的開始

法蘭西斯．培根曾說：「凡是過於把幸運之事，歸功於自己的聰明和智謀的人，結局多半是很不幸的。」

法國作家勒納爾說：「謙遜，是一種最不會冒犯別人的驕傲。」

「勝不驕，敗不餒」，這不只是一句格言而已，而是爲人處世的備忘法則。要求意氣風發的人不要把眼睛放在頭頂上，其實並不容易，但是，如果你眞把雙眼擱在頭頂上，小心你就要被前面的小石頭絆倒。

一九八〇年，松下電器已經是一個資本高達兩兆億日元的大企業。

這一年，松下幸之助提拔山下俊彥出任總經理，在第四次決算時，公司營業總額為二兆一百五十二億五千八百萬日元，比起前一年同期成長了百分之七。當時，日本的產業界中，除了松下電器之外，營業額能達二兆億日元的只有三家，即豐田汽車、日產汽車和新日鐵，而松下企業則比預定計劃提早一年突破了二兆日元的目標。

身為總經理的山下俊彥，心中雖然喜悅，卻沒有因此而露出驕傲的神情，他說：「營業額超過二兆日元固然可喜，但我還不能放心，在營業額成長的同時，我們還必須充實新內容，否則很快就會被追上。」

從這一年起，山下俊彥開始整頓公司的體制，著手進行革新，從家用電器製造到電子綜合產業，都經過一番改革。

山下俊彥說：「從銷售量上來比較，菲利浦是三兆八千億日元，美國通用電氣公司則是五兆億日元，而我們在銷售規模上還比不上他們，即使是利潤上，純利也只有百分之四而已，這比美國通用電氣公司的百分之六，還要低了許多。因此我們還要努力，才能趕上通用電氣公司！」

山下俊彥告訴員工，不要只滿足於眼前的成績，要有不斷求新求進步的衝勁，向更高的目標邁進。

因此，常常有人背後議論他：「山下先生的慾望未免太大了！」

然而，山下俊彥並不以爲意，再次提出忠告：「我們在失敗的時候，反而能產生忍耐和克服困難的勇氣，會去反省自己的錯誤，弄清楚問題所在。要時時刻刻牢記這種精神，才不會遭到失敗。」

法蘭西斯．培根曾說：「凡是過於把幸運之事，歸功於自己的聰明和智謀的人，結局多半是很不幸的。」

許多人會說失敗可怕，其實身處順境才更危險。一旦被提拔、晉升或小有成就，許多人就自滿於現況，而不知前進，一旦養成了驕傲自滿的心態，失敗也就即將開始孕育。

從現實的經驗來看，人都是在一帆風順的時候，開始出現了問題。

爲什麼他們成功之時卻馬上遭遇失敗？這是因爲，很多人常常因爲辛苦了好久，終於成功，反而忘了之前的辛苦付出，不知道要更懂得珍惜和謙虛，一旦成功就志得意滿，目中無人了起來。

因此，人必須像山下俊彥一樣，在成功之時看見成功之外的危機。

當你得意或某件事情圓滿解決的時候，不要興奮過頭，反而要更保持謹愼、冷靜的態度，你的成功才會恆久。

掌握心情，就能掌握事情

作　　者　黎亦薰
社　　長　陳維都
藝術總監　黃聖文
編輯總監　王郡凌
出 版 者　普天出版家族有限公司
新北市汐止區忠二街 6 巷 15 號
TEL / (02) 26435033（代表號）
FAX / (02) 26486465
E-mail：asia.books@msa.hinet.net
http://www.popu.com.tw/
郵政劃撥 19091443 陳維都帳戶
總 經 銷　旭昇圖書有限公司
新北市中和區中山路二段 352 號 2F
TEL / (02) 22451480（代表號）
FAX / (02) 22451479
E-mail：s1686688@ms31.hinet.net
法律顧問　西華律師事務所・黃憲男律師
電腦排版　巨新電腦排版有限公司
印製裝訂　久裕印刷事業有限公司
出 版 日　2023 年 10 月第 2 版第 1 刷
ＩＳＢＮ◉978-986-389-883-2　　條碼 9789863898832

國家圖書館出版品預行編目資料

掌握心情，就能掌握事情／
黎亦薰著.—第 2 版.—：新北市,普天出版
2023.10 面； 公分. -（生活良品；72）
ＩＳＢＮ◉978-986-389-883-2（平裝）

生活良品
72

普 天 之 下 · 盡 是 好 書
普天出版家族
Popular Press Family
凌雲
A-Plus Creative Company
文創